D1985376

ANWB Extra

Languedoc
Roussillon

Uitgeverij ANWB

Inhoud

Het belangrijkste eerst

Faisons la fête!
In de Midi verstaat men de kunst van het feestvieren. Het gebeurt vaak buiten en is gratis. Het programma vind je bij de Offices de Tourisme. Ook bij de kleine dorpsfeesten kun je zij aan zij met de inwoners vieren, waarbij 's avonds aan lange tafels onder de sterrenhemel wordt gegeten, gevolgd door dansen op de *musette*.

Rode boot tegen blauwe boot
Elke zomer ga ik naar een van de *joutes*. Op het water wordt een hilarische slag uitgevochten. Het spektakel is gratis en zelfs een plaatsje op de tribunes kost meestal helemaal niets. Wie de tegenstader het water in werkt is de winnaar – maar voor het zover is zijn we soms uren verder en hebben de roeiers heel wat zweet vergoten.

Groene wegen
Het netwerk van *voies vertes* in Languedoc wordt steeds fijnmaziger. Ook met kleine kinderen kun je op de autovrije weggetjes zorgeloos op ontdekkingsreis gaan. Sommige routes leiden ook naar het strand. Het is dus de moeite waard de fiets mee te nemen op vakantie, maar je kunt er natuurlijk ook een huren (www.af3v.org).

Eten als God in Frankrijk
Een avondje met zijn tweeën in een restaurant doet al snel een aanslag van € 100 op het vakantiebudget. Doe daarom als de Fransen en eet de hoofdmaaltijd *à midi*. Doordeweeks hebben bijna alle restaurants een goedkoop lunchmenu. Zelfs sterrenkoks doen aan deze traditie.

In situ
Van half juni tot half september voeren kunstenaars op elf historische plekken door middel van installaties een dialoog tussen hedendaagse kunst en het regionale architectonische erfgoed (www.patrimoineetartcontemporain.com).

Etalage van het goede leven

Voor het echte savoir-vivre moet je naar een van de vele markten, waar lokale producenten hun waren verkopen. Tijdens de inkoop voor de lunch is er altijd tijd voor een praatje met de buren of voor een *apéro* in de bar. Ik doe mijn boodschappen als het even kan in Mèze op de traditionele zondagsmarkt. Maar in welk deel van Languedoc je ook je vakantie doorbrengt, je vindt er altijd wel een markt die je zal bevallen (www.foiresetmarches.com).

!

Zomer, zon, strand

De stranden zijn overal vrij toegankelijk. Als je met de fiets naar het strand gaat, vermijd je verstopte toegangswegen en betaald parkeren. Met een klein stukje lopen vindt iedereen zijn plekje onder de zon. Het chiquere alternatief is de *paillote:* strandclubs met strandstoelen *(transats)*, loungemuziek, bar en restaurant. Deze kleine luxe is natuurlijk niet gratis (www.epaillote.com).

Opstappen!

Met de auto kun je uiteraard in alle afgelegen hoekjes komen. Maar bij de grotere steden is het vaak makkelijker om er voor een spotprijs met bus of trein naar toe te gaan (▶ blz. 109).

Famille Plus

Zes plaatsjes aan de kust en drie in het binnenland zijn met hun aanbod aan accommodatie, activiteiten en kinderprogramma's extra op gezinnen met kleine kinderen ingesteld (www.familleplus.fr).

De gouden stranden van Languedoc zijn verleidelijk, maar ik geef de voorkeur aan het binnenland. Daar vind je de echte Midi met landschappen van een soms woeste schoonheid, stille dorpen en schatten uit tweeduizend jaar geschiedenis.

Vragen? Ideeën?

Laat het me weten! Mijn adres bij de ANWB:

@ *anwbmedia@anwb.nl*

Dit is Languedoc

Sinds vele jaren is Languedoc (-Roussillon) mijn tweede thuis. Daardoor vergeet ik weleens dat de naam veel mensen niets zegt. Toch doet deze regio aan de Middellandse Zee in het diepe zuiden van Frankrijk niet onder voor de bekendere buren Provence en Côte d'Azur. Het unieke karakter van Languedoc-Roussillon viel reisspecialist Loneley Planet in het verre Australië ook op en in de herfst van 2017 bekroonde de organistatie de streek dan ook met een vierde plek op de lijst van wereldwijde topbestemmingen. Het was een postuum eerbewijs, want de regio moest in 2016 met buurman Midi-Pyrénées fuseren: zo ontstond de nieuwe megaregio Occitanie (Occitanië in het Nederlands).

Spiegel van een wisselvallige geschiedenis

Roussillon, Languedoc, Occitanie – de wortels van deze namen gaan tot diep in het verleden terug. Ze herinneren aan de bloeitijd van de lokale feodale staten, die zowel een andere cultuur als taal hadden dan het Franse noorden. Het woordje 'ja' *(oc)* gaf het zuiden zijn naam: in Oc-citanie werd de *langue d'oc* gesproken. In de 13e eeuw waren de kruistochten tegen de ketterse katharen de perfecte aanleiding voor de Franse kroon om het zuiden onder het juk te brengen. Roussillon sloeg een eigen weg in. Het graafschap aan de voet van de Pyreneeën viel door vererving aan de graven van Barcelona, en later aan de koningen van Aragón. Zo werd de streek een twistappel tussen de Spaanse en Franse koningen. Met de Vrede van de Pyreneeën van 1659 viel het gebied definitief aan Frankrijk toe.

Stranden van C tot C

Van de Camargue tot de Côte Vermeille omzomen stranden met goudgeel, fijn zand de Golfe du Lion. Alleen bij Sète, Agde, Narbonne en Leucate onderbreken rotsformaties de eindeloos lange gordel van zand en duinen. Echt imposante natuur laat de kust van Languedoc-Roussillon pas 20 km voor de Spaanse grens zien, waar de uitlopers van de Pyreneeën steil naar zee aflopen. Lange tijd raasden de zonaanbidders op weg naar Spanje achteloos langs deze Franse droomstranden.
Toen drong het tot Parijs door dat het gebied grote mogelijkheden voor het toerisme bood: brakwatermeertjes werden drooggelegd en langs de zandkust bouwde men grote betonnen hotels, uitgestrekte vakantiedorpen en enorme campings. Jachthavens zorgden voor toegang tot zee. De zon was een betrouwbare partner. Zo onstond een waar paradijs voor miljoenen vakantiegangers.

De geur van rozemarijn en tijm

Wie zijn vakantie tot het strand beperkt, laat de mooiste kanten van Languedoc echter aan zich voorbijgaan. Op slechts een paar kilometer van de kust ligt een afwisselend landschap dat talloze mogelijkheden voor een actieve vakantie in de natuur biedt. Op de smalle landweggetjes ligt achter

De droom van een huis in het zuiden – veel Fransen uit de hoofdstad, maar ook Engelsen, Duitsers en Nederlanders bezitten een 'pied-à-terre' in Languedoc. Menige ruïne hervindt zo zijn oude glans. De keerzijde van de medaille: voor lokale jonge gezinnen is een eigen huis inmiddels bijna onbereikbaar.

vrijwel elke bocht een nieuwe, verrasende blik. Idyllische dorpen en statige wijngoederen liggen in een zee van wijnstokken. In het voorjaar hult de brem de karstheuvels in een heldergeel en ruikt het overal naar bloemen. Later volgen de bedwelmende geuren van mediterrane kruiden, terwijl het onvermoeibare en monotone gezang van de cicaden de lucht laat vibreren. Wind en water sleten bizarre rotsformaties uit, rivieren vormden woeste kloven en adembenemende keteldalen. Ondergronds liet het water kilometers aan labyrintische grotten achter, waar in de loop van miljoenen jaren een sprookjeswereld van druipsteenformaties ontstond.

Een vijfsterrenbestemming

Minstens zo indrukwekkend als de natuur is het culturele erfgoed van Languedoc. Dat mag blijken uit het feit dat zes locaties in de regio de status van UNESCO Werelderfgoed hebben gekregen. Kasteelruïnes op steile rotsen concurreren met romaanse abdijen, middeleeuwse vestingstadjes en citadellen van jongere datum. Nîmes pronkt met Romeinse resten, Montpellier beroemt zich op avant-gardistische architectuur van sterarchitecten die de Pritzker Price kregen. Collioure en Céret hebben hun bijdrage geleverd aan de Franse schilderkunst van begin 20e eeuw en het havenstadje Sète verrast met zijn liefde voor hedendaagse kunst. Vijf sterren zijn er ook voor de wijnstreek Languedoc-Roussillon met zijn ongekende veelvoud aan *terroirs*. Uiteraard kun je in Languedoc ook heerlijk eten: iedere landstreek is er een luilekkerland. 'Leven als God in Frankrijk' is hier zeker geen loze bewering.

Languedoc in cijfers

4

departementen telt de regio Occitanie aan de Middellandse Zee: Gard, Hérault, Aude, Pyrénées Orientales.

5

regionale parken beschermen de natuur, waaronder een stuk zee.

6

kilogram olijven verwerkt de oliemolen Oulibo in de Minervois om 1 l zuivere koudgeperste olie te maken.

13

dorpen horen tot de Plus Beaux Villages de France.

14

jaar, van 1667 tot 1681, duurde de aanleg van het Canal du Midi. Er waren 12.000 arbeiders betrokken bij dit titanenwerk.

18

maanden moeten de oesters in het Etang de Thau groeien voor ze geoogst worden; de kwekers aan de Atlantische kust moeten langer wachten.

24

Michelinsterren telde de regio in 2018.

27

procent van alle Franse wijnen rijpen in Languedoc, de wijngaarden bedekken 223.650 ha.

220

kilometer aan strand strekt zich van de Camargue tot aan de Pyreneeën uit.

3

talen en culturen: Frans, Occitaans, Catalaans

300

dagen per jaar schijnt de zon hier volgens de statistieken.

1481

meter, dus 2000 passen, liggen de mijlpalen van de Via Domitia uit elkaar. De weg verbond vanaf 118 v. Chr. Rome met zijn Gallische kolonies.

15.000

inwoners van Béziers werden in1209 afgeslacht door de troepen van Simon de Montfort.

2784

meter hoog is de Canigou. Daarmee is hij niet de hoogste berg van de oostelijke Pyreneeën, maar hij is voor de Catalanen van grote symbolische betekenis.

42.000

Platanen langs het Canal du Midi worden voor 2030 gekapt.

600.000

mensen protesteerden op 9 juni 1907 in Montpellier tegen het door de staat getolereerde geknoei met wijn.

15.000.000

vakantiegangers trekt Languedoc jaarlijks.

Eten en drinken

De keuken van Languedoc ruikt naar de garrigue, knoflook en olijfolie. Terwijl men zich aan de kust aan de oesters van Bouzigues en uiteraard vis in elke vorm te goed doet, worden in het binneland stevige stoofpotten bereidt, die in Roussillon met kersen, abrikozen of perziken een zoet accent krijgen. Iedere streek binnen de regio draagt met zijn specialiteiten aan het feestmaal bij.

'Bon appetit'

De lunch is heilig in Frankrijk. Kort voor 12 uur haasten de werknemers zich naar huis, terwijl ouders hun kinderen van school ophalen en de winkels en bezienswaardigheden de deuren sluiten. Zelfs het verkeer valt stil. In het voorbijgaan wenst men elkaar een *'bon appetit'* en dan gaat Frankrijk aan tafel. Tijd dus om een tafeltje in een restaurant te zoeken. Wie pas na 13.30 of 14 uur een restaurant binnengaat, zal hoogstwaarschijnlijk niet veel meer te eten vinden. 's Avonds is de keuken gewoonlijk van ca. 19 tot 21 uur in bedrijf. Maar in Roussillon, waar de Spaanse invloed merkbaar is, gebeurt alles een uur later.

Brood en water

In Frankrijk wacht je na het betreden van een restaurant tot de ober *(monsieur)* of serveerster *(mademoiselle* resp. *madame)* je een tafeltje toewijst. Een aperitief kun je rustig afslaan. Bij elke maaltijd verschijnt een mandje met brood op tafel. De gratis *carafe d'eau* (kraanwater) moet je tegenwoordig meestal bestellen. De rekening krijg je pas als je ernaar vraagt *(l'addition, s'il vous plaît)*, op het papiertje staat dan het totaalbedrag, want per persoon afrekenen is hier niet de gewoonte. De bediening is bij de rekening inbegrepen *(service inclus)*. Als blijk van tevredenheid kun je een fooi van een paar euro op tafel achterlaten.

Altijd een volledig menu?

's Middags bieden veel restaurants een voordelig gerecht *(plat du jour)* of een *formule* aan, waarbij je kunt kiezen tussen een voorgerecht en hoofdgerecht of een hoofdgerecht en nagerecht. Andere gerechten kun je *à la carte* bestellen. Op

IN HET RIJK VAN BACCHUS

Tussen Rhône en Pyreneeën kun je in het grootste samenhangende wijnbouwgebied ter wereld overal proeverijen bezoeken. Het grote aantal wijnen met een appellation (AOP, vroeger AOC) wijst erop dat de wijnboeren op kwaliteit mikken. De volgende wijngebieden voldoen aan de criteria voor een beschermde herkomstaanduiding: Cabardès, Corbières, Collioure, Costières de Nîmes, Coteaux du Languedoc, Côtes du Roussillon, Côtes du Roussillon-Villages, Faugères, Fitou, La Clape, Languedoc, Malepère, Minervois, Pic St-Loup, St-Chinian, Tavel. Een specialiteit van de regio zijn de Vins Doux Naturels (VDN). Tot deze van nature zoete wijnen horen de stevige wijnen uit Banyuls en Maury en de fruitige muscats uit Rivesaltes, St-Jean-de-Minervois, Frontignan, Lunel en Mireval. En dan is er nog de blanquette de limoux, de oudste bubbeltjeswijn van de wereld.

Crème catalan – regionaal patriottisme als dessert.

zondag en 's avonds is het ongebruikelijk om alleen een salade of voorgerecht te nemen.

Vis of vlees?

Vis en zeebanket nemen een vooraanstaande plaats in de keuken van de kuststreek in, maar niet alle vis is lokaal gevangen. Een heerlijk voorgerecht is *anchois de collioure,* verse, gemarineerde ansjovis, vaak geserveerd met geroosterde rode paprika. De *plateau de fruits de mer* is een echte klassieker, een schotel met mosselen en oesters. *Soupe de poisson* is een gevulde vissoep waar men naar believen croûtons, aïoli en geraspte kaas door roert. *Bourride* is een visragout met aïoli. Een aanrader is de *tielle,* een pasteitje gevuld met inktvisragout.

A
APÉRO

Aan het einde van de middag is het in Frankrijk borreltijd en verzamelen de Fransen zich voor een *apéro*. Bij een glaasje muscat of wijn worden knabbeltjes, olijven, worst en andere kleine lekkernijen geserveerdt. Na een of twee glazen is het meestal wel genoeg en gaat iedereen naar huis voor het diner. Maar elke regel kent zijn uitzonderingen!

ROUILLE DE SEICHE

Voor deze klassieker uit Sète gebruik ik bij voorkeur pijlinktvis *(encornets)* en neem ik crème fraîche in plaats van aïoli.

Ingrediënten voor 4 personen
1 kg pijlinktvis (ca. 10 cm lang), 6 tenen knoflook, 1 theelepel rouillekruidenmengsel (paprikapoeder, chilli, koriander, saffraan), 200 ml droge witte wijn, 3-5 eetlepels tomatensaus, 125 ml crème fraîche, 1 laurierblad, tijm, zout, peper

Maak de inktvisjes schoon en snijdt de mantel in stukken en bak ze samen met de tentakels en vinnen aan in olijfolie. Voeg de fijngehakte knoflook, rouille, tijm en laurier toe. Blus af met de witte wijn en voeg tomatensaus, zout en peper toe. Laat 15-20 minuten koken tot de inktvis zacht is. Voeg de crème fraîche toe en laat 5 minuten inkoken. Serveer er rijst of stokbrood bij.

Eendenborst en gestoofd rundvlees zijn hier geliefde vleesgerechten. Een entrecote is minder aan te bevelen; vaak is het niet meer dan een dun, nogal taai stuk vlees. Vooral landinwaarts serveert men in restaurants ook zaken als kinnebakspek, duif, kwartel en wild. De bekende *cassoulet* van Castelnaudary is stevige kost. Typerend voor de keuken van Roussillon is de combinatie van vlees met vruchten, maar ook *boles de picolat,* gehaktballen met witte bonen in een pikante tomatensaus, komen hier geregeld op tafel.

Kaas sluit de maag

Het kaasplateau is in Languedoc vaak bescheiden. *Pélardons,* kleine geitenkaasjes in diverse gradaties van rijping, en *bleu de causses,* schimmelkaas van schapen- of koemelk zijn AOC-kazen uit de regio.

Het kompas van Languedoc

#2

Tussen zee en land – **Camargue Gardoise**

#3

Oprukken richting zee – **Antigone**

Amfibische landschappen

PROVENCIAAL? INTERNATIONAAL!

#1

'Slechts' een waterleiding – **Pont du Gard**

In het **GROOT** denken

WAAR BEGIN IK?

Kust-paradijs

#15

Symfonie van licht en kleur – **Côte Vermeille**

TOT HIER EN NIET VERDER

Stenen vertellen de **BIJBEL**

Benvingut!

#14

Bolwerken in Conflent – **Villefranche en Mont-Louis**

#13

Vroegromaanse juweeltjes – **kloosters rond de Canigou**

#12

Frankrijks Catalaanse hoek – **Perpignan**

#4

Door de woestijn –
St-Guilhem-le-Désert

#5

Leven en sterven met zeezicht –
Mont St-Clair

DANKZIJ DE DUIVEL

Hemelwaarts

#6

Met de boot over de berg – **Fonseranes**

EEN GIGANTISCHE TRAP VAN WATER

4 5 6 7 8 9 10 11

#7

In het dichtersstadje –
Pézenas

Was dat soms Molière?

MET KANS OP EEN MOEFLON

#8

Groene wegen door Haut-Languedoc –
Passa Païs

PERFECTE RIDDERBURCHT

#9

Sprookjesachtig –
La Cité de Carcassonne

Slechts een illusie

uitzichtsloos?

#11

Arendsnesten van steen –
Châteaux cathares

#10

Van wijnboeren en zeevaarders –
La Clape

Nîmes en Pays du Gard

Slanke, hoog oprijzende cipressen die over wijngaarden waken – een onmiskenbaar teken dat je in Languedoc bent aangekomen. In de heuvels van de Gard strijdt het heldergroen van de druiven met het stoffige groen van de garrigue om dominantie. Je vindt er indrukwekkende getuigenissen van de Romeinse tijd, zoals de Pont du Gard en de arena in Nîmes. De hertogenstad Uzès en het kruisvaardersbolwerk Aigues-Mortes (foto) wekken daarentegen de middeleeuwen tot leven. Tijdens een rit door de Rhônedelta kun je de tradities van de Camargue ontdekken. De stranden langs de Middellandse Zee bieden tot slot alles wat nodig is voor de perfecte strandvakantie.

Nîmes P/Q 8/9

De hoofdstad van het departement Gard (145.000 inwoners) nodigt uit tot een wandeling door de meer dan 2000 jaar oude geschiedenis, maar betovert daarnaast ook door zijn mediterrane flair. In de straatjes van de oude stad vind je talrijke bars, cafés en restaurants aan charmante pleintjes. De Nîmois zijn ontspannen genieters – en kunnen tijdens de ferias uitbundig feesten.

EERST WAT GESCHIEDENIS

Onder keizer Augustus werd het Romeinse legerkamp bij de aan de Keltische god *nemoz* gewijde bron verheven tot Colonia Augusta Nemausus. Naar het voorbeeld van Rome kreeg de stad een forum, een amfitheater, tempels en thermen. Na de ondergang van het Romeinse Rijk ging het ook met Nemausus bergafwaarts. Pas in de 18e eeuw genoot de stad weer enige welvaart dankzij de textielproductie. Vanaf 1980 probeert Nîmes met gedurfde nieuwbouwprojecten het provinciaalse imago van zich af te schudden. Beroemde architecten ontwierpen een nieuw stadion, het Carré d'Art en diverse kantoor- en woningcomplexen. Momenteel hoopt Nîmes tot UNESCO Werelderfgoed uitgeroepen te worden.

K
KROKODIL

Waarom heeft Nîmes een krokodil in het stadswapen? Het gaat in ieder geval niet om een van de hoofdrolspelers in de dierengevechten in de Romeinse arena. Wie goed kijkt, ziet dat hij aan een palm is geketend. Voor de Romeinse veteranen die hier gevestigd werden, was het geketende dier symbool voor het door hen onderworpen Egypte. Ze lieten munten met het symbool slaan. Tegenwoordig zijn in het plaveisel duizenden krokodillen in metaal te vinden.

BEZIENSWAARDIGHEDEN

In het spoor van de Romeinen

Reizigers die over de *Via Domitia* van de Rhône richting Pyreneeën onderweg waren, betraden door de **Porte d'Auguste** 1 het antieke Nîmes. Nu eert een **bronzen standbeeld** (kopie) hier keizer Augustus. De poort is een van de weinige overblijfselen van de in de 15e eeuw gebouwde **stadsmuur.** Met een lengte van 7 km en zo'n tachtig torens omsloot hij een gebied dat ruim vijf keer zo groot was als de huidige, door boulevards omgeven oude stad, *écusson* genoemd.

De indrukwekkendste getuigenis van de Romeinse tijd is de **Arènes** 2 uit de 1e eeuw n.Chr. (www.arenes-nimes.com, dag. juni 9-19, juli, aug.9-20, mrt.-mei, sept., okt. 9-18/18.30, nov.-dec. 9.30-17 uur, € 10 incl. audioguide, met korting € 8). Dit amfitheater met een ovalen grondplan en zijn twee boven elkaar geplaatste rijen arcaden is gebouwd naar het voorbeeld van het Colosseum in Rome. Met een lengte van 133 m, een breedte van 101 m en plaats voor 24.000 toeschouwers is dit niet de grootste antieke arena, maar hij is wel verbazingwekkend goed behouden gebleven. De Visigoten gebruikten hem ooit als vesting en nog in de 18e eeuw woonden er honderden mensen binnen de muren. Daarna werd hij zo veel mogelijk in de oude staat hersteld. Sinds 1853 is de Arènes het decor voor stierengevechten, maar het theater wordt ook gebruikt voor de *courses camarguaises*, concerten en theater.

Voor een unieke blik op de Arènes moet je het dak van het nieuwe **Musée de la Romanité** 3 (bd. des Arènes,muséede laromanité.fr, dag. 10-17, juli, aug. 10-18 uur, € 8) op. In het spannende gebouw kunnen archeologische vondsten uit de stad, waaronder fraaie mozaïeken, passend gepresenteerd worden.

NÎMES

Bezienswaardig
1 Porte d'Auguste
2 Arènes
3 Musée d. l. Romanité
4 Maison Carrée
5 Carré d'Art
6 Temple de Diane
7 Tour Magne
8 Castellum
9 Musée Vieux-Nîmes
10 Cathédrale

Overnachten
1 Central Hôtel
2 Royal Hôtel

Eten en drinken
1 Nicolas
2 Halles Auberge
3 Le Jardin d'Hadrien

Winkelen
1 Les Indiennes de Nîmes
2 Huilerie

Uitgaan
1 La Grande Bourse
2 Café Olive
3 O Flaherty's

Antiek ontmoet modern

Op het Romeinse forum werd rond het jaar 5 n.Chr. ter ere van Gaius en Lucius Caesar, kleinzoon en adoptiefzoon van keizer Augustus, een fraaie tempel op een verhoging gebouwd. Dankzij de omringende zuilenrij straalt dit zogeheten **Maison Carrée** 4 elegantie uit (dag. juni 10-19, juli, aug.9.30-20, mrt.-mei, sept., okt. 10-18/18.30, nov.-dec. 10-13, 14-16.30 uur, € 6) . Het rechthoekige, en dus niet vierkante (*carrée*!) bouwwerk overleefde als vergaderzaal, kerk en paardenstal in goede staat de eeuwen. Binnen vertelt een 3D-film over tweeduizend jaar stadsgeschiedenis.

Deze 'hemelse' blik op het Maison Carrée heb je vanaf het terras van restaurant Le Ciel de Nîmes boven in het Carré d'Art.

De omgeving van het Maison Carrée werd in 1993 opnieuw vormgegeven door de beroemde Britse architect sir Norman Foster. Als pendant van de antieke tempel bedacht hij het **Carré d'Art** 5 (pl. de la Maison Carrée, www.carreartmusee.com, di.-zo. 10-18 uur, museum € 5, met korting € 3,70). De met licht overspoelde constructie van glas en staal herbergt naast het **Musée d'Art Moderne** een ultramoderne **bibliotheek** en **mediatheek.**

De kiemcel van Nîmes

Het beeld bij de fontein op de fraaie **Place d'Assas** symboliseert de riviergod *Nemausus* en de bron *Nemausa*, die vlakbij aan de voet van de Mont Cavalier tevoorschijn komt. De Kelten beschouwden de bron als heilig en de Romeinen namen die opvatting over en bouwden er een tempel, een theater en thermen. Alleen de romantische ruïne van de zogeheten **Temple de Diane** 6 bleef bewaard. De werkelijke functie van het gebouw is nog altijd in raadselen gehuld. Halverwege de 18e eeuw werd hier de prachtige, barokke **Jardin de la Fontaine** (dag. apr.-aug. 7.30-22 uur, mrt., sept. 7.30-20, okt.-feb. 7.30-18.30 uur) aangelegd, het eerste openbare park van Frankrijk. Over slingerende groene lanen kun je over de **Mont Cavalier** omhoog lopen naar de **Tour Magne** 7 (pl. Apollinaire, dag. apr., mei 9.30-18.30, juni 9-19, juli, aug. 9-20, mrt., sept., okt. 9.30-13, 14-18, nov.-dec. 10-13, 14-16.30 uur, € 3,50). De achthoekige ruïne, die van de bovenste verdieping is beroofd, verheft zich fier 32 m in de hoogte. Ooit was het de hoogste toren van de Romeinse stadsmuur. Binnen voert een betonnen wenteltrap – hoogtevrees is wel een probleem! – naar het uitkijkplatform hoog boven Nîmes.

Rechts is het **Fort Vauban** (17e eeuw, nu universiteit) te zien, met in zijn schaduw het **Castellum** 8 (rue de la Lampeze / hoek rue d'Albenas). Het is het eindpunt van het antieke aquaduct waarmee bronwater naar de kolonie werd gebracht (▶ blz. 20). Het verdeelbekken is voor archeologen uniek, maar voor de leek niet bijzonder interessant.

Een heel bijzondere stof

Na de Romeinse tijd heeft Nîmes nog een keer geschiedenis geschreven in de vorm van een hier vervaardigde sterke, blauwe, katoenen stof. Je komt

er meer over te weten in het voormalige bisschoppelijke paleis, nu het **Musée du Vieux Nîmes** 9 (pl. aux Herbes, di.-zo. 10-18 uur, toegang gratis). Het *bleu de Nîmes* (denim) werd vanuit *Gênes* (Genua) naar de Nieuwe Wereld verscheept en veroverde als blue jeans de wereld.
De façade van de romaanse **Cathédrale Notre-Dame et St-Castor** 10 (11e eeuw, gerenoveerd in de 19e eeuw) kun je met een *p'tit noir* vanaf de **Bar des Beaux Arts** bekijken. Of slenter naar het terras op de langgerekte **Place de l'Horloge** of naar de fraaie **Place du Marché**, met een fontein bewaakt door een aan een palm geketende krokodil.

OVERNACHTEN, ETEN, SHOPPEN

Klein, maar mooi!
Central Hôtel 1
Dit hotel bij de Porte d'Auguste heeft een chique facelift gekregen. De kamers, en zelfs de suites, zijn weliswaar erg smal, maar hypermodern en hoogwaardig ingericht, zijn rustig en voorzien van airco. In kamer 403 heb je een fantastisch uitzicht over de stad.
2, pl. du Château, tel. 04 66 67 27 75, www.hotel-central.org, 2 pk vanaf € 60

Oude muren, modern comfort
Royal Hôtel 2
Dit kleine hotel bekoort met een vriendelijke bediening en een gemoedelijke sfeer. De 21 kamers zijn eenvoudig en strak in het wit ingericht. De kamers aan de binnenplaats zijn wat donkerder, maar koel en rustig. Het tapasrestaurant La Bodeguita (di.-za. 's avonds geopend) op de begane grond heeft een terras aan de Place d'Assas en kent een levendige sfeer met livemuziek.
3, bd. Alphonse Daudet, tel. 04 66 58 28 27, www.royalhotel-nimes.com, 2 pk vanaf € 92, aanbiedingen vanaf € 69

Familiezaak
Nicolas 1
Een terras hebben ze helaas niet, maar de eetzaal is gelukkig supergezellig en authentiek met een tegelvloer en en balkenplafond. Ook in de keuken houdt de familie Martin de tradities in ere. Klassiekers als stokvispuree *(brandade)*, gesmoord rundvlees op de wijze van de Camargue *(gardiane de taureau)* en stoofpot met zeeduivel *(bourride)* stellen niet teleur.
1, rue Poise, tel. 04 66 76 19 59, di.-vr., zo. 12-14, di.-za. 19.15-22 uur, lunchmenu di.-vr. € 16, 3-gangenmenu € 21, 4-gangenmenu € 28

In de markthal
Halles Auberge 2
Voor een lunch kun je ook naar de door ontwerper Jean-Michel Wilmotte met aluminium omklede **Halles** gaan. Binnen vind je bij het buffet van Arlette degelijke, vers bereide gerechten en de nodige couleur locale.
5, rue des Halles, tel. 04 66 21 96 70, op Facebook, di.-zo. 10.30-14/14.30 uur, menu rond € 15; kramen dag. 7-13/13.30 uur geopend

Idyllische binnenplaats
Le Jardin d'Hadrien 3
Chef Victor bereidt creatieve gerechten met de beste producten uit de regio. Op zomeravonden zitten de gasten op de fraaie binnenplaats onder oude bomen, op koele dagen op de veranda.
11, rue de l'Enclos-Rey, tel. 06 80 02 00 01, lejardindhadrien.com, di.-do. diner, vr., za. lunch/diner, zo. lunch, twee gangen € 26-42, drie gangen € 30-46

PATRONEN

De Compagnie des Indes bracht in de 17e euw de eerste kleurig bedrukte stoffen naar Frankrijk. Vervolgens ontwikkelden zich vooral in Marseille, Aix en Nîmes beroemde stoffenmanufacturen. Bij **Les Indiennes de Nîmes** 1 vind je een mooie keus aan hemden, blouses en rokken, huishoudelijk textiel en accessoires in de traditionele kleuren en patronen (2, bd. des Arènes, www.indiennesdenimes.fr, ma.-za. 10-12.30, 14.30-19 uur).

1

'Slechts' een waterleiding – **Pont du Gard**

Toen het antieke Nîmes rond het jaar 40 n.Chr. zonder water kwam te zitten, bouwden de Romeinen een 50 km lang aquaduct naar de bron van de Eure bij Uzès. Het centrale meesterstuk, de brug over de Gardon, verbluft de bezoekers tot op de dag van vandaag.

V
VIADUCT

Vanaf de 4e eeuw had men geen geld meer voor het onderhoud van het Acqueduc de Nîmes. In het stroombed werden dikke lagen kalk afgezet, waardoor het water op een gegeven moment niet meer stroomde. In de loop der eeuwen werden de stenen van het aquaduct gestolen om huizen mee te bouwen, alleen de Pont du Gard bleef als brug bewaard. Het aquaduct werd zo een viaduct. In de 18e eeuw bouwde men ter hoogte van de onderste bogenrij zelfs een weg. Tot 1996 reden auto's, bussen en vrachtwagens vlak langs het monument. Tegenwoordig lopen er jaarlijks zo'n 1,5 miljoen bezoekers.

Wil je de Pont du Gard vanaf het water bekijken? Geen probleem! Kayak Vert in Collias verhuurt boten en uitrustingen.

Het spectaculairste deel van het **Aqueduc de Nîmes** is de **Pont-du-Gard**, sinds 1985 UNESCO Werelderfgoed. Romeinse architecten en ingenieurs moesten bij de aanleg van de waterleiding twee problemen overwinnen: ten eerste bedroeg het hoogteverschil tussen de bron en Nîmes slechts 12 m, ten tweede moesten ze ongeveer halverwege het dal van de Gardon oversteken.

Zonder cement al 2000 jaar overeind

Met steenblokken die wel 8 ton konden wegen bouwden ze zonder mertselspecie drie bogenrijen boven op elkaar over de Gardon: als basis dienden zes 22 m hoge en tot 24,5 m brede bogen, met daarboven elf 20 m hoge bogen en tot slot bovenop 47 bogen van slechts 7 m hoog. Over de bovenste 360 m lange bogenrij liep de waterleiding. Per dag stroomde meer dan 35.000 m³ water in de richting van Nîmes; het deed er 24 tot 30 uur over om vanaf de bron van de Eure de stad te bereiken.

Wie gedetailleerde informatie over de constructie van het aquaduct wil hebben of nieuwsgierig is wat een chorobates is en hoe de Romeinen daarmee het tracé berekenden, moet een bezoek brengen aan het museum in de **Espace de Découverte** 1 op de linkeroever *(rive gauche)*. Zonder woorden maar met fascinerende beelden en animaties vertelt een film in breedbeeldformaat over de geschiedenis van het aquaduct. Kinderen kunnen zich in de **Ludo** speels in de wereld van de Romeinen onderdompelen.

Een stenen slang in de Garrigue

Het oversteken over de **Pont** 2 is uiteraard een verplicht nummer, terwijl de **uitzichtpunten** 3 hoog boven de beide oevers zeker ook de moeite waard zijn. Op de linkeroever kun je de wandeling omhoog combineren met de anderhalf uur durende route door de **Mémoires de Garrigue** 4. Tussen de typisch mediterrane vegetatie, akkers en muren van gestapelde stenen slingert zich een ander indrukwekkend restant van het Acqueduc de Nîmes door het landschap, bekend als de **Pont roupt** 5 (gebroken brug). Aan het einde van je bezoek kun je bij de **Plage** 1 op de rechteroever ontspannen en een verkwikkend bad in de Gardon nemen.

▶ INFO

Met de **Pass Aqueduc** kun je mee met een halfuur durende rondleiding naar het eigenlijke waterkanaal op de bovenste verdieping (juli, aug. 10, 10.30, 15.30, 16, apr.-juni, sept., okt. 11.30, 16, nov.-mrt. 11 uur, reserveer bij voorkeur via internet, € 11,50, 6-17 jaar € 6). Op een hoogte van 48 m boven de rivier is het uitzicht gegarandeerd fantastisch. Heel bijzonder is ook het **aanlichten** van de Pont du Gard op zomeravonden (juni-sept., *tarif soirée pour la mise en lumière* € 3, tot 17 jaar gratis).

INFO EN OPENINGSTIJDEN

Internet: www.pontdugard.fr
Pont du Gard 2**:** dag. mei, juni 9-21, juli, aug. 9-23.30, sept. 9-20, apr., okt. 9-18 uur, nov.-feb. 9-17 uur; de **Espace de Découverte** 1 en de winkel sluiten uiterlijk 19.30 uur
Toegang: € 8,50, 6-17 jaar € 6, incl. parkeren
Bus: er rijden dagelijks verschillende bussen vanaf Nîmes/Gare routière (lijn B 21) en vanaf Uzès naar de Pont du Gard (lijn A 15), Info: www.edgard-transport.fr
Kayak Vert: 8, chemin St-Vincent, Collias (5 km westen van de Pont du Gard), tel. 04 66 22 80 76, www.canoefrance.com, mrt.-okt., ca. € 26 per dag

ETEN EN DRINKEN

In restaurant **Les Terrasses** 1 op de rechteroever heb je fraai uitzicht op de Pont du Gard (menu rond € 30, *formule* rond € 15).

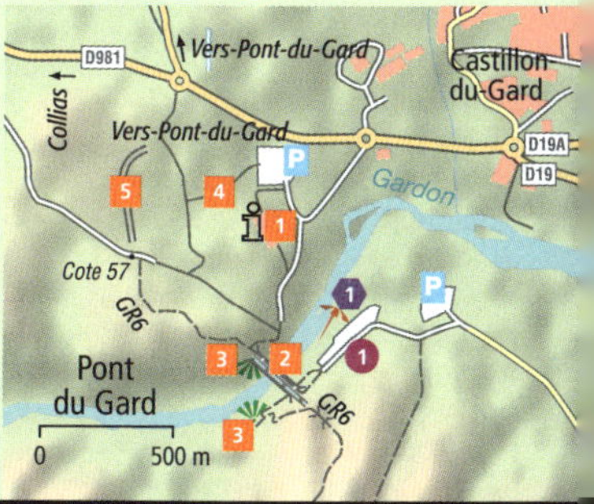

Uitneembare kaart: Q/R 7/8

Spezereien
Huilerie 2
In de grot van Ali Baba verspreiden kruiden en specerijen de geuren uit Duizend-en-een-nacht. Er is ook een groot aanbod aan regionale delicatessen – leuke souvenirs en cadeautjes die thuis de authentieke smaak van de Midi op tafel toveren.
10, rue des Marchands, www.lhuilerie-nimes.com, ma.-za. 10-12.30, 14.30-19 uur

Van bar naar bar
Aan de boulevards rond de *écusson* nodigen talrijke bars en cafés uit om neer te strijken voor een koffie of een apéro, voor een eenvoudige maaltijd of een gezellig avondje. Een van de oudste cafés van het land en een instituut in de stad is **La Grande Bourse** 1 (2, bd. des Arènes). Voor een afzakkertje kun je ook na middernacht nog terecht bij **Café Olive** 2 (22, bd. Victor Hugo) of de Ierse pub **O Flaherty's** 3 (21, bd. Amiral-Courbe). In beide cafés is er ook regelmatig livemuziek te beluisteren.

Info en evenementen

OT: 6, rue Auguste, 30000 Nîmes, tel. 04 66 58 38 00, www.ot-nimes.fr
Pass Nîmes Romain: combinatieticket voor Arènes, Maison Carrée, Tour Magne € 13, met korting € 11, drie dagen geldig
Gare SNCF: Bd. Sergent-Triaire. Hier stoppen TGV's en regionale treinen naar onder andere Aigues-Mortes en Le Grau-du-Roi.
Gare routière: Pl. de l'Onu, bij het treinstation, www.edgard-transport.fr
Parkeren/stadsbussen: aan de boulevards rond de oude stad zitten diverse parkeergarages. Goedkoper is het om naar een P+R aan de rand van de stad te gaan, waar je met de Tangobus naar het centrum kunt (twee inzittenden € 2,50, drie tot acht inzittenden € 4,10). Info: www.tangobus.fr.
Feria: Pinksteren en half sept. Tijdens de vijf dagen durende Feria de Pentecôte en de drie dagen durende Feria des Vendanges vibreert Nîmes op het ritme van de flamenco. De stierengevechten trekken minder publiek.
Les Jeudis de Nîmes: juli, aug. do. 18-22 uur. Marktkraampjes met specialiteiten, kunstnijverheid en bric-à-brac in de oude stad. Ook straatmuziek.

Uzès
Q 7

De oude bisschops- en hertogenstad ten noorden van Nîmes is een van de aantrekkelijkste provinciestadjes in het zuiden van Frankrijk (7900 inwoners). Zaterdag is de beste dag voor een bezoek aan de oude stad met zijn kronkelende straatjes en fraaie huizen, want dan is het markt op de grote Place aux Herbes en kun je je laven aan de Midi in al zijn weelderigheid.

Zo leeft de hoge adel van Frankrijk
De fraaie, 42 m hoge **Tour Fénestrelle** (rue de l'Evêché) is het symbool van Uzès. Hij werd in de 12e eeuw gebouwd als vrijstaande klokkentoren van de **Cathédrale St-Théodorit**. De kathedraal zelf werd tijdens de godsdienstoorlogen van de 16e eeuw verwoest; het huidige gebouw stamt uit de 17e eeuw. De stad wordt gedomineerd door de torens van de **Duché**, stamslot van het toenmaals belangrijkste adelsgeslacht van Frankrijk. Wie met eigen ogen wil zien hoe de Crussol d'Uzès woonden, moet diep in de buidel tasten. Ook het prachtige uitzicht vanaf de Tour Bermonde is niet goedkoop. Het onderhoud van een zo oud gebouw kost nu eenmaal veel geld.
Pl. du Duché, www.duche-uzes.fr, dag. 10-12, 14-18 uur, € 18, 7-11 jaar € 7, 12-16 jaar € 14, alleen toren, ongeacht leeftijd € 13

Pour les grands et les petits
In het **Musée du Bonbon** aan de rand van de stad draait alles om de kleurige gummibeertjes en ander snoep van het Haribo-imperium, dat al bijna een halve eeuw een fabriek in Uzès heeft. Het museum is een genot voor klein en groot. Tast toe! Vind je ook niet dat de

De met arcaden omgeven Place aux Herbes was altijd al het toneel van Uzès. Hier vierde men de geboorte van prinsen, ondertekende Hendrik IV het Edict van Nantes en lieten beulen in de middeleeuwen koppen rollen. Wat zou er zich achter de fraaie gevels van de huizen allemaal hebben afgespeeld?

gummidiertjes hier anders smaken dan thuis?

Pont des Charrettes, www.museeharibo.fr, juli, aug. dag. 9.30-19, sept.-juni di.-zo. 10-13, 14-18 uur, € 7, 5-15 jaar € 5

Klein en charmant
Hostellerie Provençale

Negen gezellig ingerichte kamers in het hart van Uzès. Het ontbijt wordt bij mooi weer op het terras met zicht op de stad geserveerd. Voor verzorgde gerechten kun je terecht in het bijbehorende restaurant La Parenthèse.

1-3, rue de la Grande Bourgade, tel. 04 66 22 11 06, www.hostellerieprovencale.com, 2 pk € 105-145 incl. ontbijt bij boeking via de eigen website, lunchmenu € 23, anders € 31, menu € 47

Eenvoudig en lekker!
Le Terroir

Dit kleine multitalent aan het mooiste plein van de stad is tegelijkertijd delicatessenwinkel en restaurant met terras. Op koelere dagen liggen er uit voorzorg dekens klaar voor de gasten die buiten willen zitten. Tom en Corinne zien zichzelf als ambassadeurs van de lokale producenten. Uiteraard komen hier uitsluitend zelf bereide gerechten op tafel.

5, pl. aux Herbes, tel. 04 66 03 41 90, op Facebook, in de zomer 9-21.30/22.30, in de winter 9.30-18.30 uur, schotel € 11-15

Info en evenementen

OT: Chapelle des Capucins, pl. Albert 1er, 30700 Uzès, tel. 04 66 22 68 88, www.uzes-tourisme.com

IN DE OMGEVING

Vlotte schijf
St-Quentin-de-Poterie (Q 7, ca. 5 km ten noorden van Uzès) doet met een vijfentwintigtal pottenbakkersateliers zijn naam eer aan. In de 14e eeuw draaiden hier al de pottenbakkersschijven. In een oude oliemolen zit het **Musée de la Potérie Méditerranéenne** (14, rue de la Fontaine, www.musee-poterie-mediterranee.com, mei dag. 14-18, juni-aug.

dag. 10-13, 15-19, sept. dag. 10-12, 14-18, okt.-apr. wo.-zo. 14-18 uur, € 4). Het museum behandelt de ontwikkeling van keramiek, van gebruiksobject tot kunstwerk.

Villeneuve-lez-Avignon

S 7

Dit zusterstadje van Avignon op de rechteroever van de Rhône is beslist meer dan slechts een bruggenhoofd op de reis naar de beroemde pauselijke stad. Het fraai opgeknapte stadje (12.100 inwoners) bezit namelijk enkele belangrijke culturele monumenten, zoals een fiere burcht en een indrukwekkend kartuizerklooster, en is daarmee een stop waard.

De pausen wisten te leven

Villeneuve maakte een bloeitijd door in de periode dat de pausen in Avignon zetelden (1316-1430). Deze geestelijke hoogwaardigheidsbekleders voelden zich aangetrokken tot de in 1293 opgerichte 'nieuwe stad' aan de overkant van de Rhône en lieten hier vorstelijke zomerresidenties aanleggen. Dat deed ook kardinaal Étienne Aubert, die als paus Innocentius VI in 1352 het kolossale kartuizerklooster liet bouwen. De **Chartreuse du Val de Bénédiction** ontwikkelde zich tot het belangrijkste en grootste kartuizerklooster van heel Frankrijk. Sinds 1991 biedt het onderdak aan het Nationaal Centrum voor Toneelliteratuur. Van eind mei tot begin september kun je in het restaurant in de verzorgde kloostertuin neerstrijken om een hapje te eten.

58, rue de la République, www.chartreuse.org, dag. apr.-sept. 9.30-18.30, okt.-mrt. 10-17 uur, € 8, met korting € 5,50, tot 18 jaar gratis

TERRAS BOVEN DE RIVIER

Het woord *guinguette* roept onmiddellijk een vakantiestemming op. Dit type uitspanning ligt gewoonlijk aan het water en het eten is er eenvoudig maar smakelijk, terwijl de sfeer ontspannen is. 's Avonds verlichten kleurige slingers lampjes het terras. In de **Guinguette du Vieux Moulin** aan de oever van de Rhône vlak bij de Tour Philippe-le-Bel is het niet anders. De fraai gerestaureerde watermolen aan de rivier is het hele jaar open, alleen bij hoogwater van de Rhône sluit men de deuren (5, rue du Vieux-Moulin, tel. 04 90 94 50 72, www.guinguettevieuxmoulin.com, dag. geopend voor lunch en diner, lunchgerechten, pizza ma.-vr. € 15, grillgerechten vanaf € 19).

Grensvesting

Een steil straatje voert over de Mont Andaon omhoog naar het 14e-eeuwse **Fort St-André**, waarvan de zware muren een klein dorp en een klooster omsluiten. Deze vesting diende als demonstratie van de macht van de Franse kroon langs de grens met het Heilige Roomse Rijk. Vanaf de monumentale halfronde poorttorens heb je een weergaloos uitzicht over Avignon. Binnen de vestingmuren ligt de prachtige, in Italiaanse stijl aangelegde **tuin** van de **Abbaye St-André.**

Rue Montée du Fort; Fort, www.fort-saint-andre.fr, juni, juli dag. 10-18, okt.-mei dag. 10-13, 14-17 uur, € 6, tot 18 jaar gratis; Jardin de l'Abbaye, www.abbayesaintandre.fr, di.-zo. mei-sept. 10-18, mrt., apr., okt. 10-13, 14-17/18 uur, € 7, met korting € 5, tot 7 jaar gratis

Sobere elegantie

L'Atelier

In een stadspaleis uit de 16e eeuw wachten 22 kamers op gasten. Ze zijn met enkele oude meubels ingericht en hebben zo een zekere individualiteit gekregen. De kamers met uitzicht op de betoverende binnenplaats zijn het mooist. Op het zonneterras staan ligstoelen voor de gasten.

5, rue de la Foire, tel. 04 90 25 01 84, www.hoteldelatelier.com, bij vroeg boeken 2 pk vanaf € 75

Info en evenementen
OT: 1, pl. Charles David, 30400 Villeneuve-lez-Avignon, tel. 04 90 25 61 33, www.ot-villeneuvelezavignon.fr
Openbaar vervoer: elke uur diverse bussen naar Avignon, 15 minuten.
Villeneuve en Scène: in juli heeft Villeneuve zijn eigen ambitieuze theaterfestival (www.festivalvilleneuveenscene.com).

Aigues-Mortes

P 10/11

Met de stichting van Aigues-Mortes in het moerasgebied bij de monding van de Rhône kreeg Frankrijk halverwege de 13e eeuw de begeerde toegang tot de Middellandse Zee. Ridders en avonturiers uit het hele land verzamelden zich er om met Lodewijk IX op kruistocht te gaan. Tegenwoordig trekt de middeleeuwse vestingstad toeristen uit de hele wereld aan.

Op en binnen de muren

Begin 14e eeuw werd een machtige muur rond de belangrijke haven- en handelsstad gebouwd. Maar spoedig deed de stad van de 'dode wateren' zijn naam eer aan: het toegangskanaal naar zee verzandde en Aigues-Mortes bloedde dood. Doordat het geen strategisch belang meer had, kon het stadje de eeuwen ongeschonden doorstaan.
De 32 m hoge **Tour de Constance**, het oudste deel van de **Remparts**, werd onder Lodewijk IX gebouwd. Tijdens de godsdienstoorlogen van de 17e en 18e eeuw diende de toren als staatsgevangenis. Hier begint een tour van de volledig bewaard gebleven stadsmuren met vijftien torens en tien poorten. Vanaf de weergang heb je wijds uitzicht over de omgeving en de in een schaakbordpatroon aangelegde straten van de stad. Daar verdringen de toeristen zich voor de souvenirwinkels aan de hoofdstraat, terwijl in de zijstraatjes een bijna dorpse rust heerst. Iedereen eindigt bij

Zo'n 190 treden telt de Tour de Constance, boven word je beloond met een prachtig uitzicht.

de **Place St-Louis** voor de kerk. Rond het standbeeld van de heilige Lodewijk bruist het voor en in de cafés.
Remparts: www.aigues-mortes-monument.fr, dag. mei-aug. 10-19, sept.-apr. 10-13, 14-17.30 uur, € 8, tot 18 jaar toegang gratis

Peper en zout

Het zout vind je op de witte zoutbergen *(camelles)*, die uit de verte op besneeuwde toppen lijken, terwijl de prijzen gepeperd zijn voor de bezichtigingsmogelijkheden van de **Salin d'Aigues-Mortes** (rte. du Grau-du-Roi, RD 979, tel. 04 66 73 40 24, www.visitesalinaiguesmortes.fr). Een rit met het toeristentreintje kost € 10, een ontdekkingstour per fiets vanaf € 22. Je kunt zelfs een dag op een eenzaam zoutstrand boeken (vanaf € 40).
Het **Maison du Grand Site de France de la Camargue Gardoise** (rte. du Môle, www.camarguegardoise.com, feb.-sept. 10.30-12, 13.30-17/18/19 uur) brengt je gratis in contact met de door zoutwater gevormde natuur. Wie hier de 'houten weg' neemt, kan het prachtige

2

Tussen zee en land – Camargue Gardoise

De Camargue – klinkt dat als makkelijk terrein voor fietsers? Er zijn inderdaad geen hoge bergen om tegenop te zwoegen, maar het waait er wel bijna altijd stevig. Toch is de fiets een goed alternatief voor de auto op de smalle wegen die langs de kanalen lopen.

Bij Arles splitst de Rhône zich en omringt met twee armen een brede delta – de Camargue. In het westen gaat het landschap van drassige gebieden, moerassen en brakwatermeren over in de **Camargue Gardoise**, ook wel de Petite Camargue genoemd. Als je op een tocht door het gebied herders op witte paarden met kuddes zwarte runderen verwacht, dan zul je teleurgesteld worden. Ter compensatie kun je je op iets heel anders verheugen: een verbazingwekkende veelvoud aan landschappen.

In het Centre du Scamandre is het tijd om van je fiets te stappen en te voet verder te gaan. Drie paden – Sentier de la mare (500 m), Sentier du Butor (1,5 km) en Sentier de la Fromagère (4 km) – leiden naar de nestplaatsen van roerdompen, reigers en ibissen en tonen de rijke planten- en dierenwereld van het natuurgebied.

Van kanaal naar kanaal

Van **Vauvert** 1 loopt een *voie verte* parallel aan het **Canal Philippe Lamour**, dat in de jaren vijftig van de vorige eeuw voor irrigatiedoeleinden werd gegraven en door boomgaarden en wijngaarden naar **Gallician** aan het **Canal du Rhône-à-Sète** 1 loopt. Vanaf het steile bruggetje bij de kanaalhaven heb je een weids uitzicht over de glinsterende watervlakten van de **Etangs du Charnier**, **de Crey** en **de la Scamandre**, die door dichte rietkragen omzoomd worden. Dit zijn de grootste rietvelden (3000 ha) van Europa. In de winter wordt het riet geoogst en vervolgens grotendeels als dakdekking naar Noord-Frankrijk, Nederland en Engeland geëxporteerd.

De tocht gaat verder over een smalle dijk parallel aan het **Canal de Capettes** 2 tussen de *etangs* door, die het leefgebied van talloze vogelsoorten vormen. Het grootste deel van het jaar staat het riet zo hoog dat de nesten en broedkolonies onzichtbaar zijn. Alleen op het kanaal kun je watervogels zien. In het water zijn ook beverratten *(ragondins)* te vinden.

Als je meer te weten wilt komen over de flora en fauna van de Camargue, over de bewoners en hun tradities en over de agrarische activiteiten moet je zeker een bezoekje brengen aan het **Centre du Scamandre** 3.

Rijst groeit niet alleen in Azië

In het moerasland rond Scamandre zijn nog enkele *manades* met paarden en runderen. Maar de rijstteelt neemt steeds meer ruimte in beslag, zoals te zien valt aan de uitgestrekte rijstvelden langs de D 179 richting St-Gilles.

Voorbij de **Ecluse de St-Gilles** 4, die een verbinding vormt tussen het Canal du Rhône-à-Sète en de Petit Rhône, kom je bij **St-Gilles**, waar je aan de **kanaalhaven** 1 in een van de cafés een stop kunt maken. Het stadje was in de 11e/12e eeuw een belangrijk tussenstation op de pelgrimsroute naar Santiago de Compostella. De westfaçade met drie portalen van de **abdijkerk** 5 geldt als een uniek voorbeeld van de romaanse beeldhouwkunst van Zuid-Frankrijk.

Van St-Gilles volg je de Jakobsschelp (GR 653, rood-witte markering) terug naar Vauvert. De pelgrimsweg kruist de drukke D 6572 en komt bij het Canal Philippe Lamour, die hij 3 km lang volgt. De laatste 6 km is wat inspannender omdat je door de heuvels van de **Costière de Nîmes** komt.

R RIJST

Om de bodem te ontzilten en geschikt te maken voor landbouw wordt al bijna twee rijst verbouwd in de Camargue. Het zoetwater dat daarvoor nodig is wordt in het voorjaar uit de Rhône of de Petit Rhône naar de velden gepompt. Rijstboer Bernard Poujol heeft op de **Mas Neuf de la Motte** 1 een eigenzinnige aanpak ingevoerd. Op zijn velden houden eenden de boel schoon – bestrijdingsmiddelen zijn niet nodig. In de boerderijwinkel kun je naast biologischr rijst ook biologische *confit de canard* kopen (rte. de Sylveréal, D 202, tel. 06 33 44 68 90, www.canard-desrizieres.fr).

INFO EN OPENINGSTIJDEN

Route: bijna 50 km, 1/2-1 dag
Centre du Scamandre 3: Vauvert, D 179/D 779, tel. 04 66 73 52 05, www.camarguegardoise.com, di.-za. 9-18 uur
Fietsverhuur 1: Le Barjonaute, 282, rue Carnot, Vauvert, www.lebarjonaute.com

---

ETEN EN DRINKEN

Bij **Ancien Monastère** 2 (tel. 04 66 80 95 58, www.restaurant-ancien-monastere.fr, zo.avond, ma., di. gesloten, lunch € 10-12, menu vanaf € 20) in het gehucht Franquevaux kun je voor de stijging naar Vauvert of aan het einde van de tocht op krachten komen.

Uitneembare kaart: P/Q 10/11

Etang de Marette beleven. Het informatiecentrum ligt tegenover de zoutpannen op de linkeroever van het kanaal (*grau*) dat Aigues-Mortes met zee verbindt.

Actief ontspannen
Chambres d'hôtes Farniente

De Duitse Gudrun Bauer heeft zich in de Camargue gevestigd en verhuurt vier kamers in haar huisje in de rustige 'arbeidersstraat' vlak bij de noordelijke stadspoort. Ze organiseert ook thematische vakanties en geeft cursussen Frans. Vol enthousiasme vertelt Gudrun haar gasten over het land en de bevolking. Het terras op de binnenplaats is ideaal om gezellig te babbelen.

10, rue des travailleurs, tel. 06 87 43 92 50, www.farniente-chambres-dhotes-camargue.com, 2 pk € 55-75 incl. ontbijt

Op de manade
Mas de la Paix

Wil je de Camargue intensief beleven? Dan is het een goed idee om bij een stierenfokker te overnachten. Op een oude boerderij *(mas)* midden in het moerasland, waar paarden en stieren grazen, verhuurt men vijf verzorgde kamers met uitgebreid ontbijt. Op verzoek kun je 's avonds ook voor een *table d'hôte* aanschuiven. Er is ook een gemeenschappelijke keuken voor de gasten. De rust kan echter verstoord worden als op de *manade* (fokkerij) gezelschappen worden rondgeleid, terwijl er in juli en augustus ook Camargue-avonden zijn.

Manade de St-Louis – Mas de la Paix, Montcalm, D 58, tel. 06 25 73 84 85, www.camargue.fr/site/manade-saint-louis/, 2 pk € 88-120. incl. ontbijt

Kakelbont interieur
Le Café de Bouzigues

Bij het betreden van dit kleine restaurantje tovert de kleurrijke en speelse inrichting direct een glimlach op je gezicht. Met wat geluk is er nog plek op de saffraangele binnenplaats. De gasten kunnen naar believen een menu samenstellen. Je hebt daarbij de keus uit zes entrées en desserts en uit drie vlees- en visgerechten. Alles wordt bereid met verse seizoensingrediënten uit de regio.

7, rue Pasteur, tel. 04 66 53 93 95, www.cafedebouzigues.com, dag. geopend, menu € 29

Direct van de producent
Ni vu ni connu

'Onbekend', zoals je de naam zou kunnen vertalen, is dit trendy restaurant op een boot niet bij liefhebbers van oesters en mosselen. De boot ligt aan de kade aan de voet van de Tour de Constance. Patron Mikael Perez verzamelt de schelpdieren persoonlijk bij de stranden van de Camargue. Een echte aanrader zijn de linguine met venusschelpen *(palourdes)*! Je kunt ook een vleesgerecht kiezen en er zijn salades en

C
COURSE

Zoals bij ons het adrenalinegehalte rond voetbalwedstrijden oploopt, zo stijgt de spanning in de Rhônedelta bij de *course camarguaise*. Bijna elk dorp heeft een arena, waar tussen april en september mens en dier het tegen elkaar opnemen. De onomstreden ster daarbij is de *biou*, de stier of koe. Zes dieren, gewoonlijk van verschillende manades afkomstig, maken hun entree. Elk dier heeft natuurlijk een naam en het vakkundige publiek kent zijn of haar sterke en zwakke punten. Maar voor spanning zijn ook de onbevreesde *razeteurs* nodig, in het wit gekleed en twaalf in getal. In de arena proberen ze bij de *biou* de trofeeën – *cocarde, glands* en *ficelles* – van de hoorns te trekken om zich daarna met een soepele sprong over de omheining in veiligheid te brengen. Met een fanfarensignaal begint de strijd en na een kwartier wordt hij zo ook afgeblazen. De *biou* verlaat de ring – ongedeerd. Dat gaat voor de *razeteurs* niet altijd op.

Met een enorme sprong proberen de 'razeteurs' bij de 'course camarguaise' aan de puntige hoorns van de 'biou' te ontkomen. Wat niet altijd lukt! Maar een gescheurde broek is voor niemand hier reden om op te geven.

huisgemaakte desserts. Onderwijl kun je naar zwoele jazz en Franse chansons luisteren.

Rue du Port, tel. 07 71 71 06 32 (reserveren), op Facebook, wo.-zo., hoofdgerecht rond € 17

Zandgewas

Domaine de Montcalm

Tot vlak bij zee gedijen in de zandgrond de *vins de sables*. Het waren de enige druivenstokken die de verwoestende druifluisplaag van midden 19e eeuw overleefden, want in het zand kon het diertje zich niet voortplanten. In het dorpje Montcalm kun je bij het wijngoed terecht voor een *dégustation* en aankoop van de lichte wijnen – vooral rosé en witte wijn, maar ook rode.

Domaine de Montcalm, D 58, tel. 04 66 73 51 52, www.domainedemontcalm.com, dag. doorlopend geopend

De Camargue verkennen

Vanuit de kanaalhaven van **Aigues Mortes** vertrekken diverse **rondvaartboten** voor tochten van twee tot tweeëneenhalf uur door de Camargue. Op het programma staat ook een stop bij een manade. Wie een individuelere excursie dichter bij de natuur wil, gaat naar het **Maison du Guide** in **Montcalm** (D 58, tel. 06 12 44 73 52, www.maisonduguide.camargue.fr, reserveren verplicht, vanaf € 17, tot 14 jaar gratis). Je gaat dan in een klein groepje mee met de ornitholoog Jean-Marie Espuche om te voet of op de fiets het beschermde natuurgebied Domaine de Mahistre te verkennen. Een andere aanrader is om vanaf **Sylvéréal** de Petit Rhône af te peddelen en in een **kano** een manade te bezoeken (D 202, www.kayakvert-camargue.fr, mrt.-okt. 9-19 uur). Wil je daarentegen op een Camarguepaard door de delta rijden, ga dan naar de **Manade de Listel** (D 58, tel. 06 20 78 03 74). Hier krijgen de paarden na hun werk 's avonds de vrijheid terug.

Info en evenementen

OT: Pl. St-Louis, 30220 Aigues-Mortes, tel. 04 66 53 73 00, www.ot-aigues mortes.fr.

Parkeren: betaald op P1-P7 voor de stadspoorten (vanaf € 2,40 per uur); gratis P8 ca. 600 m ten noordoosten van de stadsmuur.

In het zachte avondlicht is de kanaalhaven van Le Grau-du-Roi op zijn charmantst. Geen wonder dat het departement hiermee reclame maakt.

Fête de la St-Louis: eind aug., feest ter ere van de stichter met middeleeuwse markt en gekostumeerde optochten.

IN DE OMGEVING

In het rijk van de biou

Op de D 46 richting het noorden is de **Tour Carbonnière** (🕮 P 10) een leuke stop. De toren werd in de 13e eeuw als voorpost van Aigues-Mortes gebouwd. Op een didactisch pad op palen kun je door het moeras lopen. Vanaf de toren kijk je uit over de waterwereld die de Vistre heeft geschapen. In zijn dal liggen de bekende manaden – de paarden- en runderfokkerijen – van de Camargue Gardoise. Het Camarguerund is herkenbaar aan zijn liervormige hoorns en slanke lichaamsbouw. Het wordt vooral voor de *courses camarguaises* gefokt. Een van de mooiste plekken voor een dergelijke 'loop' is **St-Laurent-d'Aigouze** (🕮 P 10). Hier strijdt de arena met de kerk om de aandacht op het dorpsplein – waarbij de arena de meeste bezoekers trekt! De cafés aan het plein doen goede zaken op de dagen waarop de stieren en koeien de arena betreden.

Le Grau-du-Roi

🕮 O 11

Dit kustplaatsje (8200 inwoners) lijkt volledig op het toerisme ingesteld te zijn. Cafés, restaurants en souvenirwinkeltjes aan de rive gauche, de linkeroever van het kanaal, en appartementencomplexen langs de stranden bepalen het beeld. En toch is Le Grau-du-Roi de grootste vissershaven aan de Middellandse Zee

Oog in oog met een haai

Wat de vissers hier allemaal binnen kunnen brengen is te zien in het **Seaquarium** (av. du Palais de la Mer, Port-Camargue, www.seaquarium.fr, dag. juli, aug. 9.30-23.30, mei-juni, sept. 9.30-19.30, okt.-mrt. 9.30-18.30 uur, € 13,90, 5-15 jaar € 10). In de aquaria zwemmen echter ook tropische vissoorten, waaronder dertig haaien. De zeehonden zijn uiteraard de publieksfavorieten.

Het Seaquarium staat in het in 1969 gebouwde stadsdeel **Port-Camargue**, met bijna vijfduizend ligplaatsen een van de grootste jachthavens van Europa. De elegante zeiljachten aan de kade en het geklapper van het tuig in de wind doen het hart van zeilliefhebbers harder kloppen.

Aan de jachthaven
Le Comptoir des Voiles
De ideale plek voor wie de havensfeer wil proeven. Op een schoolbord staat het menu geschreven. Vis en schelpdieren voeren de boventoon, maar ook de vleesgerechten en salades zijn goed, terwijl de desserts geweldig zijn! Kinderen zijn hier dol op de hamburgers.
3, quai Bougainville, Port-Camargue, tel. 04 66 51 66 67, op Facebook, keuken dag. doorlopend open12-22.30 uur, 's winters korter, dagmenu vanaf € 16

Info en evenementen
OT: Rue du Sémaphore, 30240 Le Grau-du-Roi, tel. 04 66 51 67 70, www.letsgrau.com
Courses camarguaises: apr.-sept. za., zo. regelmatig, in de arena
Fête de la St-Pierre: eind juni, vissersfeest met processsie van boten

La Grande-Motte

O 10/11

Met de bouw van La Grande-Motte halverwege de jaren zestig van de vorige eeuw begon de toeristische ontsluiting van de kust van Languedoc-Roussillon. De Fransen moesten in eigen land vakantie houden en niet op de Spaanse stranden. Op opvallende piramidevormige complexen met vrouwelijke rondingen en mannelijke rechte lijnen werden ontworpen door de architect Jean Balladur. In 2010 werden de opvallende gebouwen tot cultuurmonument uit de 20e eeuw uitgeroepen.

Georganiseerde vakantievreugde
Vriendelijke kleuren en een overvloed aan groen verlevendigen de betonnen bergen, waarin nu ruim achtduizend mensen permanent wonen. Ze profiteren net als de zomergasten – 130.000 per jaar, tendens stijgend – van het brede aanbod aan sport en amusement, zoals de grote jachthaven, het thalassotherapiecentrum, de door Robert Trent Jones ontworpen golfbaan en het 7 km lange, verzorgde stadsstrand, dat in het westen naadloos overgaat in een 10 km lange strook onbebouwde duinen, de Grand Travers. Individualisten gaan gewoonlijk met een grote boog om La Grande Motte – de 'Grote hoop' – heen.

Relaxte strandclub
La Grand Plage Bohème
Een ochtendlijke yogacursus, daarna op de comfortabele strandstoelen wat liggen suffen en af en toe in het water duiken. Tussendoor een hapje in het restaurant, 's avonds met een cocktail in de hand de zon in de zee zien zakken en later naar muziek luisteren of dansen – kortom een heerlijke stranddag.
1, espl. Jean Baumel, tel. 04 67 29 29 29, www.lagrandplage.fr, dag. vanaf 9 uur, ligstoel € 15 per dag, gerechten vanaf € 17

Info
OT: 55, rue du Port, 34280 La Grande Motte, tel. 04 67 56 42 00, www.lagrandemotte.com

EEN REUSACHTIGE ZANDBAK

Het mooiste strand van de Languedoc ligt bij Le Grau-du-Roi. Van de kleine **Phare de l'Espiguette** (O 11), waar zich een naaktstrand bevindt, strekt zich naar het oosten een 9 km lang en vrijwel ongerept duinlandschap uit. Zelfs in het hoogseizoen hoef je maar een klein stukje te lopen om op het **Plage de l'Espiguette** ongestoord te kunnen zonnen en zwemmen (Parking des Baronnets: apr.-sept. € 9 per dag, op de toegangsweg staan in de zomer vaak files).

Montpellier, Coeur d’Hérault, Sète

Met een mix van mediterrane relaxedheid en moderne dynamiek is Montpellier tot een interessante stad uitgegroeid. De boomtown aan de Middellandse Zee trekt mensen uit heel Frankrijk aan en groeit met gezwinde pas richting zee. Ook in Sète en bij het Etang de Thau schieten de nieuwbouwwijken als paddenstoelen uit de grond. Maar in het achterland vind je nog slaperige dorpjes in een zee van wijngaarden en oeroude gehuchten in een woest landschap, zoals het kloosterdorp St-Guilhem-le-Désert in de Gorges de l'Hérault.

Montpellier N 10

De titel van regiohoofdstad moest Montpellier (255.000 inwoners) weliswaar afstaan toen de nieuwe regio Occitanie met Toulouse als hoofdstad werd gevormd, maar dat heeft de aantrekkelijkheid van de stad niet verminderd. Uit heel Frankrijk stromen mensen toe om hier een nieuw leven te beginnen. Montpellier profiteert van zijn ligging tussen de zee en het achterland en zijn mediterrane klimaat, en kent een bloeiende universiteit en economie. Met zijn theater-, dans-, film- en muziekfestivals en met zijn brede aanbod aan exposities heeft Montpellier ook naam gemaakt als kunst- en cultuurstad.

Eerst wat geschiedenis

Toen Montpellier tot stad uitgroeide, hadden zijn buursteden al een duizendjarige geschiedenis achter de rug. Als onderdeel van het koninkrijk Mallorca, waartoe het vanaf 1204 behoorde door een huwelijk van Maria van Montpellier met het huis van Aragón, genoot de stad politieke vrijheid en het recht om zelf belastingen te innen. Al vrij snel kreeg de universiteit met faculteiten voor medicijnen en rechten een goede naam. Deze periode van bloei werd ruw onderbroken door het uitbreken van de pest en hongersnoden. In 1349 kocht de Franse kroon de stad. Jacques Coeur, een gewiekst koopman en de Minister van Financiën van Karel VII, hielp de stad aan nieuwe welvaart door de laken- en lederhandel. Tijdens de godsdienstoorlogen liet kardinaal Richelieu de economie van de protestantsgezinde stad lamleggen, maar onder Zonnekoning Lodewijk XIV bloeide Montpellier als bestuurscentrum van de Bas Languedoc weer op. In de jaren zestig van de vorige eeuw zorgden de terugkeerders uit Algerije, de zogenaamde *pieds-noir*, voor een frisse wind. De dynamische start in de 21e eeuw dankt de stad voor een belangrijk deel aan burgemeester Georges Frêche, die zijn visie ondanks aanzienlijke tegenstand doorzette (▶ blz. 38).

BEZIENSWAARDIGHEDEN

Stadstheater

Montpelliers charme ligt voor een groot deel in de talrijke mooie pleinen, waar het leven met mediterrane lichtvoetigheid wordt gevierd. Middelpunt van het 'openluchttheater' is de **Place de la Comédie**. Vanaf het terras van **Café Riche** 1 (dag. 7-1 uur), het oudste café van de stad, kun je comfortabel achteroverleunend het komen en gaan van de passanten, de voorstellingen van de straatkunstenaars en het zachte voorbij glijden van de trams gadeslaan, – een steeds weerkerend en toch altijd weer nieuw schouwspel.
Langs de **Fontaine des Trois Grâces** (18e eeuw) en de **Opéra** 1, in 1888 naar voorbeeld van de Parijse gebouwd, flaneren de inwoners over de brede **Rue de la Loge** naar de oude stad, de *écusson.* Al snel ben je dan bij de **Place Jean-Jaurès**, waar de bistro's en caféterrassen, zoals van **Café Joseph** 2 (dag. 7-1 uur), jongeren trekken. Loop links langs de kerk van **St-Roch** en de tot kunstcentrum herbestemde kerk van **Ste-Anne** 2 (2, rue Philippy, di.-zo. 11-13, 14-18 uur). De vele boetieks en ateliers nodigen tot een kijkje uit, terwijl intieme pleintjes geknipt zijn om even te blijven hangen. Rechts maken de **Rue de l'Aiguillerie** en zijn zijstraatjes met trendy en alternatieve winkels duidelijk dat de universiteit niet ver is. Het misschien wel mooiste plein van de stad, de **Place de la Canourgue**,ontstond in de 17e eeuw toen men een nieuwe kathedraal wilde bouwen, een project dat Richelieu verbood.

Grootstedelijk allure

In het midden van de 19e eeuw liet burgemeester Pagézy straten rechttrekken en verbreden. Het historische centrum moest grootstedelijke flair krijgen. Zo werd de **Rue du Foch**, die toen Rue Imperial (Keizerstraat) heette, in de stijl van de Parijse prefect Haussmann dwars door de middeleeuwse bebouwing getrokken en van representatieve gebouwen voorzien. Aan het einde staat de **Arc de Triomphe** 3, in 1691 gebouwd ter ere van Lodewijk XIV, die Montpellier tot nieuwe bloei bracht. Door de triomfboog zie je een **ruiterstandbeeld van de Zonnekoning** 4. Het beeld werd na lange omzwervingen in 1718 op de toen net aangelegde Place Royal – nu de **Promenade du Peyrou** – op het hoogste punt van de stad onthuld. Bij het **Château d'Eau** 5, een watertoren in de elegante vorm van een antieke tempel aan het einde van de promenade, heb je een fantastisch uitzicht over de stad en omgeving, tot aan het markante silhouet van de Pic St-Loup. Bij de watertempel begint het naar voorbeeld van de Pont du Gard gebouwde **Aqueduc St-Clément**, dat ooit het frisse water van de bron van de Lez naar de stad bracht.

MUSEA

Pathologie en schone kunsten

De vestingachtige gotische **Cathédrale St-Pierre** 6 staat naast het klooster van St-Benoît, waar sinds de tijd van de Franse Revolutie de **Faculté de Médecine** 7 zit. Daar kun je met een rondleiding mee door een ongewoon museum, waar je gegarandeerd zult griezelen. Het **Conservatoire d'Anatomie** bezit een historische verzameling van meer dan vijfduizend anatomische preparaten en wasmodellen. Bezoeken kan alleen op aanvraag (je kunt reserveren bij het Office de Tourisme, book.montpellier-tourisme.fr onder Guided Tours)!

Als je nu wel toe bent aan frisse lucht, ga dan naar de **Jardin des Plantes** 8 (1, bd. Henri IV, di.-zo., juni-sept. 12-20, okt.-mrt. 12-18 uur). Frankrijks oudste botanische tuin bestaat al sinds 1593 en biedt aankomende artsen en apothekers de mogelijkheid om geneeskrachtige planten te bestuderen.

Als je zin hebt om hedendaagse kunst te zien, kun je naar **La Panacée** 9 (14, rue de l'Ecole de Pharmacie, www.lapanacee.org, wo.-za. 12-20, zo. 10-18 uur). In de voormalige Koninklijke School voor Geneeskunde leven en werken een zestigtal kunststudenten. Bezoekers kunnen tentoonstellingen bezoeken en wat drinken in het café (wo.-za. 10-1, zo. 10-18 uur) op de benedenverdieping.

Voor werken van Europese schilders uit de 17e en 18e eeuw moet je naar het **Musée Fabre** 10 (39, bd. Bonne Nouvelle, museefabre.montpellier3m.fr, di- zo. 10-18 uur, € 7, met korting € 5). Het museum heeft vooral met grote

Bij de Comédie klopt het hart van de stad. Elke Montpelliérain lijkt er minstens een keer per dag te komen. Het werd in de 18e eeuw op de plek van de middeleeuwse stadswallen aangelegd en al snel werd het plein het middelpunt van de stad.

MONTPELLIER

Bezienswaardig
1 Opéra
2 Carré Ste-Anne
3 Arc de Triomphe
4 Ruiterstandbeeld van de Zonnekoning
5 Château d'Eau
6 Cathédrale St-Pierre
7 Faculté de Médecine (Conservatoire d'Anatomie)
8 Jardin des Plantes
9 La Panacée
10 Musée Fabre
11 Musée Art Brut

Overnachten
1 Hôtel du Palais
2 Hôtel des Arceaux

Eten en drinken
1 Les Bains
2 Anga
3 La Bistrote

Winkelen
1 Odysseum

Uitgaan
1 Café Riche
2 Café Joseph
3 Le Comptoir de l'Arc
4 Rebuffy Pub
5 Le Rockstore

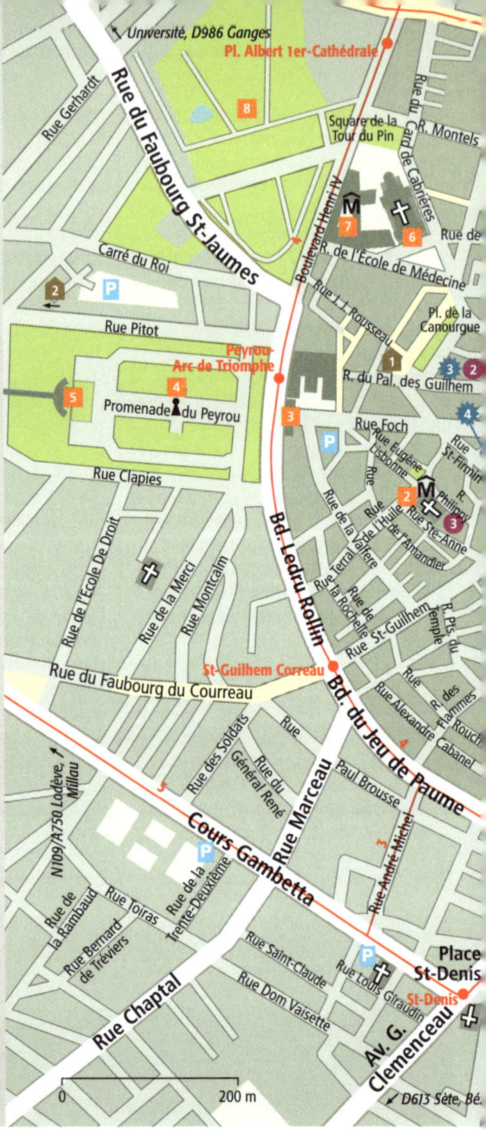

regelmaat bijzondere tentoonstellingen te bieden.

Het **Musee Art Brut** 11 is gewijd aan de luchtige kant van de kunst (1, rue Beau Séjour, tram Beaux-Arts, www.atelier-musee.com, wo.-zo. 10-13, 14-18 uur, € 8, met korting € 6). Het zit in het voormalige atelier en woonhuis van de zinkkunstenaar Fernand Michel.

OVERNACHTEN, ETEN, SHOPPEN

Charmant hotel

Hôtel du Palais 1
Het twee eeuwen oude gebouw staat in een van de mooiste hoekjes van de *écusson*, vlak bij de Place de la Canourgue. De fraaie gevel van licht zandsteen

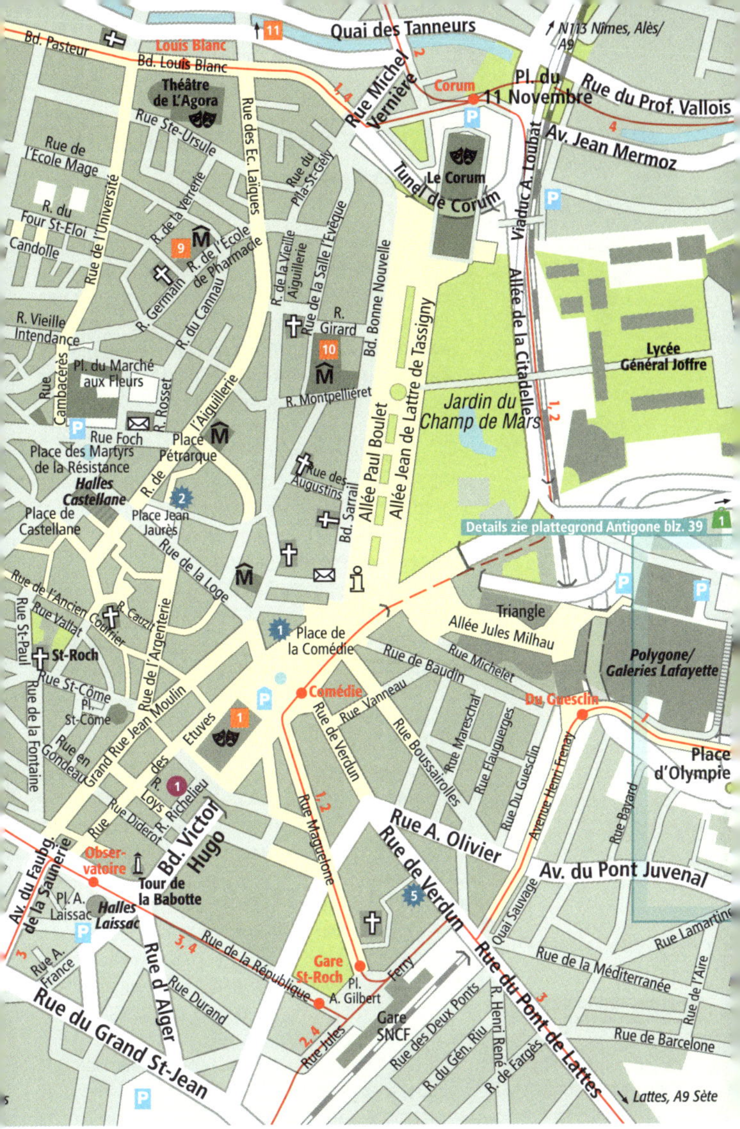

en het verzorgde uiterlijk zorgen dat je zin hebt om een kijkje binnen te nemen. De 26 kamers zijn deels wat klein, maar comfortabel ingericht – sommige in zachte kleuren, andere krachtiger. Er zijn parkeergarages op loopafstand.

3, rue du Palais des Guilhem, tel. 04 67 60 47 38, www.hoteldupalais-montpellier.fr, 2 pk vanaf € 95

Met romantische tuintje

Hôtel des Arceaux 2

Het belle-epoquehuis vlak bij het Aquéduc St-Clément is niet alleen mooi van de buitenkant. De achttien kamers zijn modern en comfortabel vormgegeven en zijn elk individueel ingericht. Als je jezelf wilt verwennen, neem je kamer 302 op de begane grond met een balkon en

3

Oprukken richting zee – **Antigone**

Montpellier is een van de meest dynamische steden van Frankrijk. De avant-gardistische architectuur kreeg hier al eind jaren zeventig van de vorige eeuw volop kansen. De gemeente liet een beroemde architect sociale woningbouw neerzetten. Zo ontstond pal naast het centrum de postmoderne wijk Antigone.

Toen de linkse hoogleraar rechten Georges Frêche in 1977 tot burgemeester werd gekozen, barstte Montpellier bijna uit zijn voegen. Sinds 1962 was de bevolking verdrievoudigd en aan de noordelijke stadsrand woekerden de goedkope, gezichtsloze huurkazernes. Volgens Frêche lag de toekomst van de stad echter in het zuiden. Het was daarmee logisch om als eerste stap een plan te maken voor een voormalig militair terrein tussen het centrum en de Lez.

Terug naar de oudheid

Het ontwerp en de planning van de nieuwe wijk **Antigone** vertrouwde Frêche toe aan de bekende Catalaanse architect Ricardo Bofill. Zijn bombastisch, op de oudheid geïnspireerde ensemble kon niet van iedereen op bijval rekenen. De strenge symmetrie van de pleinen en de met zuilen, pilasters, friezen en timpanen getooide gevels van zandkleurig beton doen sterk aan antieke gebouwen denken. Standbeelden verwijzen naar de Griekse mythologie en zelfs de straatnamen staan in het teken van de oudheid.

Van de **Comédie** loop je het snelst naar de door Bofill geschapen Grieks-Romeinse wereld via het winkelcentrum **Polygone** 1. Je komt dan op de uitnodigende entrée van de wijk in de vorm van de **Place du Nombre d'Or** 1, waar je door de fontein kunt lopen met waterstralen die op het ritme van een geluidloze melodie vanuit het plaveisel opkomen en dalen. Ook op de **Place de Thessalie** 2 klatert het water. Langs het volgende stuk staan de **Piscine Olympique** 1 en **Mediathek** 2. Aan het einde van de 1000 m lange boulevard

► INFO

Elk jaar half juni gaan in het kader van het **Festival des Architectures Vives (FAV)** de binnenplaatsen van de oude paleizen in het centrum open om de ontwerpen van jonge architecten uit de hele wereld te laten zien. De precieze data en lokaties vind je op www.festivaldesarchitecturesvives.com.

In het Bassin des Ephèbes op de Place de Thessalie spuit het water rond drie mannelijke busten.

ligt de halfronde **Esplanade de l'Europe**, die zich naar het riviertje de **Lez** opent, waar trappen naar afdalen.

Een paradijs voor architecten

Het enorme glazen poortgebouw van het **Hôtel de Region** 3 is een moderne replica van de Arc de Triomphe in Parijs. Het staat aan de andere kant van de rivier en geldt als het symbool voor de verschuiving in de richting van de zee, want Bofill plande al een verdere expansie naar het zuiden, naar zee. De bouw van de wijk **Port Marianne** 4 begon echter pas rond de millenniumwisseling. Montpellier bleef experimenteren en nodigde beroemde internationale architecten uit. Het middelpunt wordt gevormd door het nieuwe **Hôtel de Ville** 5, naar een ontwerp van Jean Nouvel en François Fontès. De blauw-zwarte kubus staat 1 km stroomafwaarts op de rechteroever van de Lez.

INFORMATIE

Start: tramhalte Antigone (lijn 1)

ETEN EN DRINKEN

De **Place du Millénaire** 1 verandert *à midi* in één groot caféterras. In de schaduw van cipressen en pijnbomen laden de werknemers uit de omliggende kantoren de batterij weer op. Voor elke smaak is er wel wat, van regionaal, vis en sushi tot fastfood.

toegang tot de tuin (vanaf € 120). Maar ook de goedkopere standaardkamers zijn in orde.

33-35, bd. des Arceaux, tel. 04 67 92 03 03, www.hoteldesarceaux.com, 2 pk vanaf € 85, bewaakte parkeerplaats € 7 per dag

Origineel decor
Les Bains 1

De verbouwing tot restaurant van het voormalige openbare badhuis is zeer geslaagd te noemen. Achter het portaal uit 1770 ligt een verrassend grote binnenplaats met vijver en palmen, waartussen de tafeltjes zijn gezet. De oude doucheruimtes rondom zijn tot intieme salons omgetoverd. De keuken met een licht Italiaanse inslag blinkt uit in visgerechten.

6, rue Richelieu, tel. 04 67 60 70 87, www.les-bains-de-montpellier.com, ma.-za. 12-14, 20-23 uur, menu 's middags € 27, 's avonds € 38

OVERSTAPPEN!

Montpellier groeit en de tram *(tram-way)* groeit mee. Sinds de zomer van 2000 zijn er vier lijnen. Elke lijn heeft zijn eigen coole design. Zo is het onmogelijk de verkeerde lijn te pakken! Door grote parkeerplaatsen – Parking +Tram – aan de rand van de stad en buitengewoon voordelige tarieven (parkeren plus tramticket voor alle inzittenden van de auto € 4,80) zal zelfs de meest verstokte automobilist de tram nemen.

Duo op stoom
Anga 2

Sinds de opening in de herfst van 2015 valt dit restaurant in de smaak bij critici en gasten. En terecht! Het keukenduo – Cyril Garcia en Arthur Lahmy – zweert bij smakelijke gerechten bereid in de snelkookpan. Dat verklaart ook de naam *ånga:* Zweeds voor 'stoom'. Maar dat is dan ook het enige noordse aan de keuken, want de gerechten zijn typisch mediterraan.

19, rue du Palais des Guilhem, tel. 04 67 60 61 65, op Facebbook, wo.-za. 12-14.30, 20-21.30, € 21 's middags, € 26 's avonds

Sympathieke allrounder
La Bistrote 3

Dit eenvoudige eetcafé naast de Carré Ste-Anne zou je makkelijk over het hoofd zien ware het niet voor de tafeltjes in de steeg en het schoolbord met het dagmenu. Je kunt er salades met allerlei smakelijke extra's bestellen, hamburgers van vlees uit de Aubrac en dagschotels zoals bereid door *maman*. Ook aan vegetariërs is gedacht. In de ochtend kun je er ontbijten en 's middags koffie met taart bestellen.

4, rue Philippy, tel. 04 67 66 14 17, op Facebook, di.-za. 9.30-23 uur, hoofdgerecht € 12,50-16

Goede locatie
Le Comptoir de l'Arc 3

Het moderne café-restaurant aan een van de mooiste pleinen van de stad heeft in de loop der jaren wat patina gekregen. Het is een geliefde plek voor een aperitief of een glas wijn 's avonds. Je kunt er ook nog laat een kleinigheid bestellen. De bediening is altijd vriendelijk.

Pl. de la Canourgue, tel. 04 67 60 30 79, op Facebook, dag. tot 1 uur, gerechten vanaf € 14

Woonkamer
Rebuffy Pub 4

Terwijl overdag de winkeliers uit de buurt langskomen voor een koffie, strijkt er vanaf het einde van de middag een jonger studentikoos publiek op het terras neer. 's Avonds is het ook binnen meestal stampvol.

ATTRACTIE AAN DE STADSRAND

Een van de grote nieuwbouwprojecten van de millenniumwisseling was het **Odysseum** (A 9, afrirt 29, tram Odysseum). Een chique **winkelstad** onder de vrije hemel die tot shoppen verleidt. Er is ook nog allerlei ander vermaak in de aanbieding, waaronder de **schaatsbaan Végapolis**, het **Planetarium Galilée**, de **bioscoop Gaumont** en het enorme **Aquarium Mare Nostrum** (www.planet oceanworld.fr, apr.-aug. dag., sept.-mrt. wo.-zo. 11-19 uur, vanaf 11 jaar € 17,50, 5-10 jaar € 12,50, 3-4 jaar € 6,50).

2, rue Rebuffy, tel. 04 67 66 32 76, op Facebook, ma.-za. 11-1, zo. 15-1 uur, gerechten vanaf € 14

Hip

Le Rockstore 5
Al ruim 25 jaar wijst de achterkant van een rode Cadillac, die boven de ingang uit de gevel steekt, liefhebbers van rockmuziek de weg. Aan het begin van de avond draait Café Rock pop, rock en indie. Rond 19.30 uur beginnen dan vaak de concerten. Vanaf middernacht is het tijd voor clubbing. In de twee zalen wordt dan uiteenlopende muziek gedraaid.
20, rue de Verdun, tel. 04 67 06 80 00, www.rockstore.fr, ma.-za. 18-5 uur, club di.-za. 24-5 uur

Info en evenementen

OT: 30, allée Jean de Lattre de Tassigny, 34000 Montpellier, tel. 04 67 60 60 60, www.ot-montpellier.fr.
Aéroport Montpellier Méditerranée: Mauguio, www.montpellier.aeroport.fr. bus 120 plus tram naar het centrum.
Trein: regionale- en lokale treinen vanuit het Gare St-Roch in het centrum. Sinds 2017 is er een TGV-station aan de zuidelijke stadsrand.
Bus: bussen bij de eindhaltes van de trams, info op www.herault-transport.fr.
Stadsvervoer: bussen en trams, maar ook de Park&Ride en de fietsverhuur **Vélomagg** zijn in handen van TaM. De stadsfietsen zijn met pinpas of mobiel te huur op 51 locaties. Info op www.tam-voyages.com.
FISE: mei, www.fise.fr. Festival voor extreme sporten bij en op de Lez. Spectaculaire actie (onder andere BMX, wakeboarding) en goede sfeer.
Montpellier Danse: begin juni–begin juli, www.montpellierdanse.com. Internationaal dansfestival in het Théâtre de l'Agora.
Festival de Radio France: tweede helft van juli, www.festivalradiofrance montpellier.com. Bij dit festival staan klassiek, wereldmuziek, jazz en elektronische muziek op het programma.

IN DE OMGEVING

Met de fiets naar zee

De badplaatsen **Carnon-Plage** en **Palavas-les-Flots** (N/O 11) met hun kilometerslange stranden liggen op een smalle strook land tussen de *etangs* en de zee. Vanuit Palavas kun je een lange wandeling langs het strand maken naar de voormalige **Cathédrale St-Pierre de Maguelone** (12e eeuw), die op een eilandje in het Etang de Prévost ligt. Een tochtje naar het strand en een bezoek aan Maguelone kun je ook vanuit Montpellier ondernemen met een fiets van Vélomagg.

Tussen wijnstokken en garrigue

Het zonoverhoten heuvelland ten noorden van Montpellier wordt gedomineerd door het markante silhouet van de **Pic St-Loup** (M 9). Deze huisberg van Montpellier gaf zijn naam aan de appellation van het wijnbouwgebied aan zijn voeten. Bordjes met de tekst *dégustation* wijzen naar wijngoederen met directe verkoop. Ooit waren de heuvels ten noorden van de Pic St-Loup dichtbebost en leverden de brandstof voor glasblazers.

Vanuit Cazevieille leidt een steile, stenige route omhoog tegen de Pic St-Loup. De inspanning is de moeite waard, want het panorama is fantastisch!

Tot de Franse Revolutie floreerde dat ambacht hier. In **Claret** (🕮 N 8) kun je van alles leren over de glaskunst van de oudheid tot het heden in de **Halle du Verre** (50, av. du Nouveau Monde, www.halleduverre.fr, juli, aug. dag. 10-12.30, 14-19, mei, juni, sept.-nov. wo.-zo. 14-18 uur, € 6, met korting € 4). Op de terugweg naar Montpellier kun je een leuke stop maken in **St-Martin-de-Londres** (🕮 M 9) met zijn pittoreske centrum en vroegromaanse kerk (11e eeuw). Info: www.tourisme-picsaintloup.fr

In het hart van de wijnstreek

L'Auberge du Cèdre

Het oude herenhuis van de Domaine de Cazeneuve is tot een vriendelijk hotel verbouwd met negentien uiteenlopende kamers, die ook geschikt zijn voor een gezinsvakantie. De inrichting is sober maar warm. Er is ook een *gîte* en er zijn vier plekken voor tenten. In het park zorgen oude bomen voor schaduw en een zwembad voor verkoeling. In de bistro kunnen ook niet-gasten doordeweeks lunchen en in het restaurant in het weekend ook dineren.

Domaine de Cazeneuve, Lauret, D 17, tel. 04 67 59 02 02, www.auberge-du-cedre.com, 2 pk vanaf € 72 incl. ontbijt, halfpension in een 2 pk vanaf € 50 pp.; restaurant vr.avond-zo.middag, menu € 30-43, reserveren aanbevolen; bistro ma.-vr. alleen lunch, tapas € 6-10, dagschotel € 16, menu € 26

Een onderaardse kathedraal

In de **Grotte des Demoiselles** (🕮 M 8) prikkelen betoverende druipsteenformaties de fantasie. Middelpunt van het grottencomplex is een reusachtige zaal met een rijk ensemble van stalagmieten en stalactieten in allerlei vormen en kleuren. Het hoogtepunt volgens de gidsen is een formatie die de 'Moedergods met kind' wordt genoemd.

St-Bauzille-de-Putois, www.demoiselles.com, rondleidingen juli, aug. dag. 10-18, apr.-juni, sept. dag. elk uur 10-12, 13.30-17.30, mrt., okt. dag. 14.30, 15.30, 16.30, zo. ook 10, 11, 12, 13.45, nov.-feb. dag. 14, 15, 16, zo. ook 10, 11 uur, € 11, 4-11 jaar € 6,90

Lodevois-Larzac

🕮 K/L 8-10

In het hart van het departement Hérault kun je adembenemende landschappen, charmante provinciestadjes en oeroude dorpen ontdekken. Je moet er wel de nodige tijd voor uittrekken, want de wegen zijn er smal en bochtig.

Met gebrul

Enkele kilometers ten noorden van **Gignac** (🕮 L 10) stoot de weidse groene vlakte van de Hérault op de hellingen van de Larzac. De rivier heeft een ruige kloof door het rotsmassief gevreten, waarin het kloosterdorp **St-Guilhem-le-Désert** ligt (▶ blz. 44).
Welke schatten er hier onder de aarde zitten kun je zien in de **Grotte de Clamouse** (www.clamouse.com, juli, aug. 10-18.30, juni, sept. elk uur 10.30-17.30, okt.-mei, okt. elk uur 10.30-16.30 uur, € 10,80, 12-18 jaar € 8, 3-12 jaar € 6,70), die met subtiele, witte kristalbloemen indruk maakt. Er stroomt een riviertje door, dat zich na zware regens met 'gebrul' (in het Occitaans *clamousa)* in de Hérault stort.

A la Campagne

Domaine de Pélican

De *chambres d'hôtes* op een mooi wijngoed (18e eeuw) even buiten Gignac laten de droom van het Zuid-Franse landleven uitkomen. Naast de vijf kamers biedt men ook een *gîte* en kampeerplekken in het dennebos. Een zwembad en uitzicht over de wijngaarden van de Pic St-Baudille maken de Idylle compleet.

Chemin de Pélican, Gignac, tel. 04 67 57 68 92, 2 pk € 90 incl. ontbijt, table d'hôtes € 30 incl. wijn

Blik in de afgrond

De weg van Gignac naar **La Vacquerie-et-St-Martin-de-Castries** slingert zich omhoog door de wijngaarden van de **Terrasse du Larzac** en gaat verder over de dorre vlakte van de **Causse du Larzac** kaarsrecht richting **St-Maurice-Navacelles**. Bij het plaatsje aangekomen volg je de borden naar links naar de zuiddrand van de **Cirque de Navacelles** (🕮 L 8).
Bij **Baume Auriol** (informatiepunt met boerenwinkel en restaurant, www.cirquenavacelles.com, half mrt.-nov.) kun je in de 300 m diepe afgrond van het keteldal kijken. De Vis lijkt hier wel met een geweldige boor een gigantische krater in het karstgesteente te hebben geboord. De rit over de smalle weg met haarspeldbochten naar beneden naar het dorpje **Navacelles** in het midden van het Cirque is niet geschikt voor mensen met zwakke zenuwen of een grote camper. In de hoogzomer kun je het pendelbusje nemen (half juli–eind aug., vanaf € 1,50).
Beneden in het dorp is het tijd om de wandelschoenen aan te trekken en de Vis stroomopwaarts te volgen naar de **Source de la Foux**. Daar bewaakt een oude watermolen de spectaculaire 'wedergeboorte' *(résurgence)* van de Vis. Met luid gebrul spuit de rivier uit een opening in de rotsen uit zijn ondergrondse bedding tevoorschijn.
Na de wandeling, die ca. drie uur duurt, kun je afhankelijk van het weer afkoelen in de waterval in Navacelles of in de **Auberge de la Cascade** (tel. 04 67 81 50 95, apr.-okt.) iets eten of drinken. Desgewenst kun je er ook een kamer nemen. De terugrit gaat over de Causse omlaag naar Lodève.

Info: www.tourisme-lodevois-larzac.fr

Eer van je werk

Wie zich voor kunst interesseert kan een bezoekje brengen aan de voormalige bisschopsstad **Lodève (**🕮 K 9; 7800) inwoners), waar het **streekmuseum** in het geboortehuis van kardinaal Fleury (Square George-Auric, www.museedelodeve.fr, ma. gesloten, € 7) regelmatig goede tentoonstellingen organiseert. Zowel Lodève als het naburige stadje **Clermont l'Hérault** (🕮 K 10; 8000 inwoners) verkregen ook een redelijke

IN DE OLIE

Achter een onopvallende gevel in Clermont-l'Hérault zit de winkel van de **Huilerie Confiserie Coopérative** (13, av. Président Wilson, www.olidoc.fr, ma.-za. 9-12, 14-18.30 uur). Je vindt er een heerlijk aanbod aan culinaire souvenirs. Naast olijven, olijfolie, olijvenpasta en olijvencosmetica verkoopt men er ook regionale wijnen en delicatessen.

4

Door de woestijn – **St-Guilhem-le-Désert**

Toen omstreeks het jaar 1000 de bedevaart naar het graf van de heilige Jacobus in het christelijke Avondland in zwang raakte, was St-Guilhem-le-Désert in de afgelegen Gorges de l'Hérault een belangrijke tussenstop. De duivel legde persoonlijk de route open.

Guilhem, die aan de zijde van Karel de Grote tegen de Moren vocht, deed na de dood van zijn vrouw afstand van al het wereldse en stichtte in 804 aan de Verdus een bescheiden priorij, waar hij op 12 mei 812 stierf. Zijn graf werd al snel een drukbezocht bedevaartsoord, en dankzij de gulle donaties van de gelovigen kon men omstreeks 1050 een nieuw en groter klooster bouwen, waaromheen het dorp Gellone ontstond.

Werk van de duivel

Nog altijd maken pelgrims die op weg naar Santiago de Compostella de **Chemin d'Arles** volgen een stop in St-Guilhem-le-Désert. De meeste bezoekers geven echter de voorkeur aan de auto. Een groot parkeerterrein bij het einde van de kloof van de **Hérault** kanaliseert in het hoogseizoen samen met pendelbusjes de toeristenstroom. Het **Maison du Grand Site** 1 biedt informatie over het kloosterdorp, dat sinds 1998 op de UNESCO Werelderfgoedlijst staat, en over

De duivel vond het maar niets toen de monniken een brug tussen hun kloosters wilden bouwen. Satan brak 's nachts steeds hun werk van overdag af, totdat ze hem de ziel beloofden van de eerste die de brug over ging. De monniken dreven vervolgens een hond over de brug en waren zo de duivel te slim af.

de omringende natuur. Over een voetpad wandel je in 20 minuten naar de middeleeuwse **Pont du Diable (Duivelsbrug)** 2. Het kiezelstrand aan de voet van de brug is 's zomers een populaire **zwemplek** 1. Je kunt er ook een kano huren en door de smalle rotskloof peddelen. Wie zich voor pottenbakkerij interesseert, steekt de brug over en loopt in tien minuten naar het **Argileum** 3 in St-Jean de Fos.

Aan het einde van de wereld

Langs de Grotte de Clamouse en de ruïnes van enkele watermolens bereik je via de kloof van de Hérault **St-Guilhem-le-Désert**. Vanaf de doorgaande weg leidt een smal straatje met ateliers en souvenirwinkeltjes omhoog naar het plein voor de **kloosterkerk** 4 met een plataan die ruim 150 jaar oud is – buiten het hoogseizoen een perfecte plek om even te zitten. De driebeukige kloosterkerk is in zijn harmonische eenvoud karakteristiek voor de romaanse stijl van Languedoc. Van de ooit prachtige kloostergang is weinig over. Na de Franse Revolutie werd hij afgebroken en in onderdelen verkocht. De zuilen, kapitelen en ruim 140 beelden bevinden zich in het Cloisters Museum in New York.

W
WANDELEN

Een van mijn favoriete wandelingen leidt uit het dal van de Verdus naar de **Fenestrettes** 2, die je hoog in de rotswand van het Cirque de l'Infernet kun zien. De monniken van St-Guilhem versterkten in de 18e eeuw met deze gemetselde bogen op duizelingwekkende hoogte een oeroude herdersweg naar de Causse de Larzac, waar ook pelgrims van gebruikmaken. De pelgrimsroute buigt aan het einde naar rechts af, terwijl de geel gemarkeerde wandeling links omhoog loopt naar de Belvedere **Max Nègre** en vervolgens weer omlaag naar het kloosterdorp (ca. 3,5 uur, 10 km).

INFO EN OPENINGSTIJDEN

Web: www.saintguilhem-valleeherault.fr
Maison du Grand Site 1: juli, aug. 10-19.30, apr.-juni, sept-begin nov. 10/10.30-13, 14-17.30/18 uur
Parkeren: juli, aug. dag., apr.-sept. za., zo., tijdens vakanties € 5, incl. *navette* naar het dorp, rest van het jaar gratis parkeren; in het dorp parkeren 20 min. gratis, 4 uur € 5,50, € 8 per dag
Abbaye de Gellone 4: dag. 8-18 uur; kruisgang tussen de middag gesloten, ma.-za. 12-12.45, zo. 11-12.15 uur.

ETEN EN DRINKEN

Wie de drukte bij de kerk wil ontlopen gaat naar de charmante **Table d'Aurore** 1 met uitzicht op de gorges de l'Hérault. Het restaurant hoort bij **Hôtel Le Guilhaume d'Orange** (2, av. Guillaume d'Orange, St-Guilhem, tel. 04 67 57 24 53, www.guilhaumedorange.com, 2 pk € 89, menu vanaf € 23,50).

Uitneembare kaart: L 9

welvaart door hun leerlooierijen, weverijen en lakenhandel. De **Manufacture Royal de Villeneuvette** was nog tot 1954 in bedrijf. Er werkten ooit tot achthonderd wevers en ververs getrouw aan het motto boven de ingang 'Honneur au travail'. Tegenwoordig zitten er kunstenaars en ambachtslieden in de voormalige productiehallen en arbeidershuizen.

Tijdloos

La Source

De fraai gerestaureerde lakenfabriek uit 1670 en het even oude park (met zwembad en tennisbanen) vormen het fraaie decor van dit hotel-restaurant. Je kunt er kiezen tussen een tafeltje onder het gewelf van eetzaal Colvert en het schaduwrijke terras bij het zwembad. Er zijn veertien kamers in afzonderlijke huisjes aan de rand van het park.

Villeneuvette, tel. 04 67 96 05 07, www.hoteldelasource.com, 2 pk vanaf € 84; restaurant di.avond-zo.middag, menu di.-vr.middag € 19-23, anders € 33

Surrealistische landschappen

Ten westen van Villeneuvette heeft de natuur het bizarre rotslandschap van de **Cirque de Mourèze** (K 10) geschapen. Vanuit het middeleeuwse gehucht **Mourèze** leidt een rondweg door het labyrint en omhoog naar de **Monts de Liausson**. Aan je voeten strekt zich het Afrikaans aandoend roodbruine heuvellandschap van het **Lac du Salagou** uit, een populaire bestemming bij watersporters en fietsers.

Sète M 12

De havenstad (44.000 inwoners) ontvangt de bezoeker met de geur van vis en zee en het gekrijs van meeuwen. De trawlers die over het Canal Royal tot in het centrum van de stad komen zorgen voor een kleurrijk spektakel. Dat ook de kunst op het 'unieke eiland' tussen de Middellandse Zee en het Etang de Thau een bijzondere plek inneemt, mag blijken uit de vele musea en galeries en het veelzijdige tentoonstellingsprogramma. In de Corniche en de nieuwe wijken aan de zuidelijke voet van de Mont St-Clair ontpopt Sète zich als mondaine badplaats.

> **O OVERIGENS**
>
> Sète of Cette? Uit de verte doet de huisberg van Sète aan een walvis denken, *cetus* in het Latijn. Zo zou de naam van de stad, die tot 1928 als Cette werd geschreven, volgens de verhalen zijn ontstaan. Het stadswapen bevat dan ook een walvis.

De dans van de vistrawlers

Het **Canal Royal** 1 is de levensader van Sète. Langs het koninklijke kanaal staan pastelkleurige huizen die betere tijden hebben gekend. Op de kades liggen de netten van de vissersboten te drogen. Hier vertrekken ook de boten van **Sète Croisières** voor rondvaarten. Restaurants, cafés en souvenirshops vormen een eindeloze reeks. Kom bij voorkeur aan het einde van de middag, want dan lopen de visserschepen de **Vieux Port** binnen om hun vangst op de **Criée** 2 uit te laden. Wandel daarna over de **Môle St-Louis**, waarvan de aanleg in 1666 tot het ontstaan van Sète leidde, naar de **Phare St-Louis** 3 (beklimming: juli, aug. 10-13, 16-19, apr.-juni, sept. za.-wo. 10-13, 14.30-17.30 uur, € 3) waar je een fraai uitzicht hebt over de haven en stad. Tussen de huizen op de helling van de St-Clair rijst beschermend het vergulde Mariabeeld op, hoog op de toren van de **Décanale St-Louis**.

Kunst in het dagelijks leven

Aan het Canal Royal wordt duidelijk dat Sète tussen traditie en avant-garde leeft. In een voormalig viskoelhuis, een betonnen bunker, biedt het **Centre Régional d'Art Contemporain – CRAC** 4 (26, quai Aspirant-Herber, www.crac.laregion.fr, ma., wo.-vr. 12.30-19, za., zo. 15-20 uur) de moderne kunst een podium. Het **Musée International des Arts Modestes – MIAM** 5 (23, quai Tassigny, www.miam.org, apr.-sept. dag. 9.30-19, okt.-mrt. di.-zo. 10-12, 14-18 uur, € 5,60, 10-18 jaar € 2,60), organiseert bijzondere en vaak grappige tentoonstellingen. Het museum gaat terug op een idee van de verzamelaar Bernard Belluc en de Sètoiser schilder Hervé Di Rosa. Hervé, zijn broer Richard en Robert Combas horen tot de rockgeneratie die halverwege de jaren tachtig de weg plaveide voor de *Figuration libre*.

Als we het over kunstenaars in Sète hebben, mag Georges Brassens (1921-1981) niet ontbreken. In de **Espace Brassens** 6 (67, bd. Camille Blanc, www.espace-brassens.fr, bus 3 vanaf de Mole, juni-sept. dag. 10-18, okt.-mei di.-zo. 9-12, 14-18 uur, € 5,70, 0-18 jaar € 2,20) documenteert een audiovisuele tentoonstelling het leven en werk van de grote Franse chansonnier.

Aan het Canal Royal

L'Orque Bleue 1

De gevel van het belle-époquepand kan wel een likje verf gebruiken, maar binnen is het volledig gerenoveerd. De entrée is indrukwekkend, maar de kamers zijn vrij klein. Het mooist zijn de kamers met uitzicht op het kanaal, maar daar betaal je wel extra voor.

10, quai Aspirant Herber, tel. 04 67 74 72 13, www.hotel-orquebleue-sete.com, afhankelijk van het seizoen 2 pk € 78-99, met kanaalzicht € 98-135

Moderne bistro

Paris Méditerranée 1

De chef-kok komt uit de hoofdstad, zijn vrouw uit Sète. Hun restaurant is dus niet toevallig vernoemd naar de oude nachttrein die de Parijzenaars naar de Middellandse Zee bracht. De zaak ligt niet aan een kade, maar dat wordt gecompenseerd met een terras op de binnenplaats. In een ongedwongen sfeer kun je hier verse mediterrane gerechten eten.

47, rue Pierre-Sémard, Sète, tel. 04 67 74 97 73, op Facebook, di.-vr. 12-14, 20-22, za. 20-22 uur, menu lunch € 28, diner vanaf € 32

De buik van de stad

Les Halles de Sète 1

Om de lelijke betonnen jaren zeventig doos werd een metalen huid aangebracht die aan de zee en vissersnetten moet doen denken. Ook het interieur kreeg een facelift. Tussen de winkeltjes zitten twee restaurants: **L'Entonnoir et sa Cantine** en **Halles & manger**.

Rue Gambetta, www.halles-sete.fr

Bij de Vieux Port in Sète leven de meeuwen in luilekkerland, want het binnenlopen van de vissersboten aan het eind van de middag verzekert een goed gedekte tafel.

5

Leven en sterven met zeezicht – **Mont St-Clair**

De Mont St-Clair is het van verre zichtbare symbool van Sète. De wandeling omhoog is vanaf alle kanten inspannend, maar de moeite waard! Boven heb je aan de ene kant schitterend uitzicht over de stad en het oneindige blauw van de zee, aan de andere kant over het Etang de Thau tot ver in het achterland.

S
SCHAT

Rond de Mont St-Clair zijn veel verhalen geweven. Volgens een van die legenden verstopte de piraat Barberoussette in de 16e eeuw een schat op de heuvel.

Smalle straatjes met kleine huisjes in vriendelijke kleuren geven veel wijken van de stad een dorps karakter.

De Mont St-Clair was een kaal eiland waar een paar vissers aan de lange zijde woonden toen Lodewijk XIV bevel gaf hier een haven aan te leggen. In de 18e en 19e eeuw bouwden de welgestelden van Sète hun villa's met grote tuinen en zeezicht op de heuvel. Ook kunstenaars werden gefascineerd door deze locatie tussen hemel en zee. Zo hadden onder meer de beeldhouwer Pierre Nocca (1916-2016) en de schilders Pierre Soulages (1919) en Maurice-Elie Sarthou (1911-1999) hun atelier op de Saint-Clair. Ze vonden hier niet alleen inspiratie, maar kennelijk ook het geheim voor een lang leven.

Op de romp van de walvis

Van het Canal Royal loop je via de Rue Paul Valéry, Rue Louis Ramond en Rue Belford naar de trap van de Chemin de Biscan-Pas, waar je over 244 treden omhoog gaat naar het **uitzichtterras** bij het **Croix de St-Clair** 7. Hier kun je je blik over Sète laten dwalen. Een paar treden hoger heb je op het dak van de souvenirwinkel uitzicht rondom. De kapel van **Notre-Dame-de-la-Salette** is vaak het doel van bedevaarten. Het interieur is gedecoreerd met opvallende moderne fresco's. De gedrongen toren diende ooit als geodetisch meetpunt.

De kiemcel van Sète

Vervolgens ga je omlaag over de Chemin de St-Clair, dan links over de Chemin du Mas-Rousson en over een trap van 380 treden naar het pittoreske **Quartier Haut**. Dit is de oudste wijk van de

Van het uitzichtterras op de Croix de St-Clair 175 m boven zee lijken de schepen beneden in de haven piepklein. Goed dat er daarom verrekijkers staan.

stad met kleine, eenvoudige huisjes aan straatjes die tegen de rotswand boven de haven geplakt lijken te zijn.

De eerste bewoners waren de arbeiders die Sète en zijn haven in 1666 bouwden. Tweehonderd jaar later vonden vissersfamilies uit Napels hier een nieuw thuis. Aan hen dankt het Quartier Haut zijn zuidelijke charme. Als hommage aan de Italiaanse inwoners schiep Buddy (Richard) Di Rosa in 1992 een felgekleurde **'Mamma'** 8: de struise dame met blond haar en blauwe ogen (!) strekt zich uit op een stenen bank op de **Place de l'Hospitalet.**

Laatste rustplaats

Kunstenaars voelen zich aangetrokken tot de sfeer van de wijk, zoals mag blijken uit de vele ateliers in de straatjes. De kunstzinnige productie in Sète in de 20e eeuw kun je bekijken in het **Musée Paul Valéry** 9, dat gewijd is aan de grote dichter van de stad. In boeken, manuscripten en foto's passeert het leven van de dichter (1871-1945) de revue. Het museumgebouw in de stijl van Le Corbusier profiteert van een weergaloze ligging op de helling van de Mont Saint-Clair. Op het beschaduwde terras van de cafetaria kun je bijkomen en genieten van het uitzicht.

Paul Valéry werd in 1945 begraven op het nabijgelegen kerkhof St-Charles, dat sindsdien naar aanleiding van een van zijn gedichten het **Cimetière Marin** 10 wordt genoemd. De sfeer op het zeemanskerkhof is bijna surrealistisch, je blik zwerft er van witte marmeren zerken en kruisen naar de oneindige blauwe horizon.

INFO EN OPENINGSTIJDEN

Wandeling: ca. 5 km
Bus: lijn 5 van de Mole naar Croix de St-Clair en verder naar het uitzichtpunt Les Pierres Blanches
Musée Paul Valéry 9: rue François Desnoyer, www.museepaulvalery-sete.fr, apr.-okt. dag. 9.30-19, nov.-mrt. di.-zo. 10-18 uur, € 9,50, 10-18 jaar € 5
Cimetière Marin 10: juli-sept. 8-19, okt.-juni 8-18 uur

ETEN EN DRINKEN

Boven de Place de l'Hospitalet treffen de inwoners elkaar bij bar **Le Social** 2 (35, rue Villaret-Joyeuse, tel. 04 67 74 54 79, dag. 12-14, 18-1 uur) voor een aperitief en om te vieren. Vooral na de *joutes* gaat het er in het stamlokaal van de Jeune Lance Sétoise, een van de zes *joutes*-verenigingen van de stad, uitbundig aan toe.

Uitneembare kaart: M 12 | **plattegrond:** blz. 50

SÈTE

8 La Mamma
9 Musée Paul Valery
10 Cimetière Marin

Overnachten
1 L'Orque Bleue

Eten en drinken
1 Paris Méditerranée
2 Le Social

Winkelen
1 Les Halles de Sète

Uitgaan
1 Théâtre de la Mer

Sport en activiteiten
1 KayakMed/BikeMed
2 Zandstrand

Bezienswaardig
1 Canal Royal
2 Criée
3 Phare St-Louis
4 CRAC
5 MIAM
6 Espace Brassens
7 Croix de St-Clair

Mooi decor
Théâtre de la Mer – Jean Vilar 1
In de vesting van Vauban zijn in de zomer regelmatig openluchtvoorstellingen te zien.
Promenade Maréchal Leclerc

Te water en aan land
KayakMed & BikeMed 1
Een originele manier om Sète, zijn kust en het Entang de Thau beter te leren kennen, zijn de excursies met gids in een kajak. Je kunt ook zelf een kajak, supboard of fiets huren en op eigen houtje op verkenning gaan.
Info/fietsverhuur, 19, Quai de la Consigne, tel. 06 95 63 12 75, www.kayakmed.com

La Grande Bleue
Ongerept zandstrand 2
Van de **Corniche** tot **Marseillan-Plage** ligt op de **strandwal** van het Etang de Thau een 12 km lang strand. In juli en augustus zijn de stukken strand in de buurt van de parkeerplaatsen hopeloos druk en op de D 612 komt het dan tot files. Wie van wat meer comfort houdt, brengt zijn stranddag door in een van de strandclubs *(paillotes)* bij de Corniche.

Info en evenementen
OT: 60, Grand'Rue Mario Roustan, 34200 Sète, tel. 04 67 74 71 71, www.tourisme-sete.com
K-Live: eind mei/begin juni. Tijdens het graffitifestival veranderen overal in de stad grauwe muren *peu à peu* in een **Musée à Ciel Ouvert (MaCo).** Info op www.k-live.fr.
Fête de la St-Pierre: eind juni/begin juli, driedaags vissersfeestt
Fête de la St-Louis: rond 25 aug., groot stadsfeest met *joutes nautiques*

Etang de Thau

L/M 11/12

De grootste lagune van de kust van Occitanië – 19 km lang en tot 5 km breed – bezit alle troeven om een vakantieparadijs te zijn. In de havenstadjes houden toerisme en het dagelijkse leven elkaar in evenwicht. Op de vlak aflopende stranden kunnen ook jongere kinderen zonder gevaar ravotten. Watersporters beoefenen er de

nieuwste trendy sporten. Lekkerbekken waarderen de grote keuze aan restaurants, waar uiteraard vis en de hier gekweekte oesters en mosselen een belangrijke plaats op de menukaarten innemen. De bijpassende wijn komt van de gaarden die direct aan het water liggen en de lagune met een groene band zomen. Actievelingen kunnen rond het Etang fietsen, grotendeels over een fietspad.

Oesterkweek en wijnbouw

In **Bouzigues** staat alles in het teken van de oesterteelt, die in het Etang op zogeheten *tables* (tafels) wordt bedreven. In de proeflokalen van de kwekers aan de kustweg kun je de *huîtres* proberen. Daarbij smaakt een glas piquepoul, een fruitige droge witte wijn uit de streek. Met zijn zachtjes aflopende zandstranden is **Mèze** een populaire bestemming voor gezinnen met kinderen. De talloze restaurants aan de schilderachtige haven vormen het gastronomische middelpunt van het Étang de Thau. Ook toeristen die op een boot vakantie houden, leggen graag bij de dam aan, of varen naar **Marseillan**, waar het Canal du Midi bij de Pointe des Onglous in het Etang uitmondt.

Een klein uitstapje landinwaarts leidt naar het midden tussen de wijngaarden gelegen **Domaine et Abbaye de Valmagne** (🕮 L 11, www.valmagne.com, half juni-sept. dag. 10-18, okt-half juni ma.-za. 14-18, zo. 10-18 uur, € 8, met korting € 5,80). Bij de rondleiding kom je in de gotische kloosterkerk, die na de Franse Revolutie een tijd wijnkelder was, en in de kloostergang met zijn prachtige fontein. Uiteraard kun je de wijnen van de Abbaye hier kopen. In de bijbehorende *ferme-auberge* worden ze ook per glas geschonken (half juni-sept. dag. 's middags geopend, tel. 04 67 78 13 64).

Aan de oever van het Etang

Hôtel de la Pyramide

Dit relatief nieuwe hotel in een tuin met zwembad en jonge olijven ligt aan de rand van Mèze. De 22 kamers zijn mediterraan ingericht met terracottavloeren en smeedijzeren meubels en hebben een balkon of terras. Mooi uitzicht op de lagune.

8, promenade Sergent Jean-Louis Navarro, Mèze, tel. 04 67 46 61 50, www.hoteldelapyramide.fr, 2 pk € 70-96

OP VAT GERIJPT

Bij de haven van Marseillan liggen de *caves* van de vermoutproducent **Noilly Prat**. Zijn volle bouquet krijgt deze aperitiefwijn doordat hij gedurende twaalf maanden rijpt in eikenhouten vaten onder de vrije hemel, terwijl de kruidige noot in de smaak wordt verkregen door toevoeging van een flink aantal kruiden volgens een streng bewaard recept uit 1813. Bij een rondleiding kom je in de kelder en op de binnenplaats waar de vaten liggen (1, rue Noilly, www.noillyprat.com, verkoop mei-sept. 10-12, 14.30-19, mrt., apr., okt., nov. 10-12, 14.30-17.30 uur; rondleidingen vanaf € 7,50).

In de wijngaarden

Château les Sacristains

De voormalige dependance van de Abbaye de Valmagne werd voorbeeldig gerestaureerd en is nu een romantisch en luxueus vakantiecomplex met kamers en appartementen verdeeld over enkele natuurstenen gebouwen rond een zwembad. Ook de inrichting van de buitenruimte is smaakvol.

5 km ten westen van Mèze, aan de N 113, tel. 04 67 03 46 90, www.chateau-les-sacristains.fr, 2 pk vanaf € 95, appartment vanaf € 560 per week

Aan de haven

Les Saveurs de Thau

Deze zaak zit altijd vol, zodat je maar beter een tafeltje kunt reserveren, zeker als je buiten wilt zitten. Op de menukaart staat een aardige selectie aan voorgerechten, hoofdgerechten en desserts. Alles is smakelijk bereid en je vraagt je af hoe ze dat in die kleine keuken voor elkaar krijgen. Met uitzondering van de kangoeroefilets bestaat de kaart uit mediterrane klassiekers.

Quai Baptiste Guitard, Mèze, tel. 04 67 43 53 73, www.lessaveursdethau.com, dag. 10-14, 18-22 uur, ma.-vr. lunch € 14,80, menu vanaf € 20,80

Bij de producent

La Tablée

De charme van dit restaurant komt voor een belangrijk deel voort uit de ligging tussen de *mas* van de oestervissers aan de rand van Marseillan en door het terras aan het Etang. Een heerlijke plek voor liefhebbers van vis, mosselen en ander zeebanket.

Rte. des Parcs, Marseillan, tel. 04 67 21 21 20, www.lafermemarine.fr, dag. 10-13, 18-21 uur, zeevruchtenbanket € 29,90, hoofdgerechten vanaf € 16

Duiken naar zeepaardjes en meer

Osez Plonger

Duikleraar Pascal Cottinet neemt zijn leerlingen mee op een spannende reis naar de onderwaterweiden van het Etang de Thau, waar je zeepaardjes, het symbool van de lagune, maar ook inktvissen, snotolfen en grondels kunt zien.

Av. de la Gare, Balaruc-les-Bains, tel. 06 62 37 79 93, www.thauplongee.com

Info en evenementen

OT: Quai Baptiste Guitard, 34100 Mèze, tel. 04 67 43 93 08, www.tourisme-nordbassindethau.fr

Le Festival de Thau: half/eind juli, www.festivaldethau.com. openluchtconcerten in de plaatsjes rond het Etang.

Agde K/L 13

Agde (25.000 inwoners) kent vele facetten. Landinwaarts aan de Hérault verdringen de huizen in het historische centrum zich rond de zwarte muren van de vestingachtige kathedraal. Bij de Cap domineren grote hotels rond de jachthaven het beeld. Bedaagder zijn de vissershaven en het badplaatsje Le Grau d'Agde en het kleine plaatsje La Tamarissière links en rechts van de monding van de Hérault.

In de kleine haven van Mèze meren hengelaars en enkele beroepsvissers van het Etang hun bootjes af. Afhankelijk van het jaargetijde vissen ze op paling (anguille), dorade, zeeweewolf (loup), harder (muge) en gestreepte bokvis (saupe).

Het begon met de Grieken

Zo'n 2500 jaar geleden stichtten Grieken aan de voet van de **Mont St-Loup** bij de monding van de Hérault een kolonie met de naam Agathé Tyché (goed geluk). Talrijke onderwatervondsten bewijzen dat het geluk de handelsnederzetting ook echt toelachte. De opwindendste vondst werd in 1964 gedaan: een 2300 jaar oud Grieks bronzen beeld van een jongeling *(ephèbe)*, nu het pronkstuk van het **Musée de l'Ephèbe** (juni-sept. dag. 9.30-18.30, okt.-mei wo.-ma. 9-12, 14-18 uur, € 4,70) in **Cap d'Agde.** Deze begin jaren zeventig gebouwde toeristenstad bij de rotskaap is verder met pretparken, een aquarium en casino op amusement ingesteld. Een zandstrand van 14 km plus een aanbod aan alle denkbare watersporten ronden het aanbod af voor de circa 200.000 zomergasten. Voor wie graag naakt recreërt ligt vlakbij Europa's grootste nudistendorp, **Héliopolis**.

Betaalbaar vlak bij het strand

L'Ephèbe

De 'jongeling' is enigszins op leeftijd gekomen, maar onderwerpt zich stukje bij beetje aan een verjongingskuur. In ieder geval zijn de prijzen voor een hotel zo dicht bij het strand erg aantrekkelijk, zelfs in het hoogseizoen. Maar beneden aan de kade wordt er dan wel tot diep in de nacht gefeest. Ondanks de mogelijke geluidsoverlast zijn de kamers aan de kant van de Hérault het aantrekkelijkst.

12, quai Cdt. Méric, Le Grau d'Agde, tel. 04 67 21 49 88, www.lephebe.eu, afhankelijk van het seizoen 2 pk € 57-72

Aan de Héraultmonding

L'Ardoise du Marché

De ligging op de derde rij is natuurlijk geen troef, maar toch is dit een goede keus. Op het bord staan altijd vier entrées, hoofdgerechten en desserts geschreven, plus een vegetarische optie. Alles is vers, huisgemaakt, goed gekruid en fraai opgemaakt. Op de wijnkaart staan goede regionale wijnen. Chef-kok Benjamin Rodriguez zorgt met zijn team goed voor de gasten.

3 rue Lambert Maurel, Le Grau d'Agde, tel. 04 30 72 47 11, www.lardoisedumarche.com, wo.-zo. 12-13.30, wo.-za. 19-21.30 uur, juni-sept. auch ma., di. 12-13.30 uur, menu 's middags vanaf € 16, 's avonds vanaf € 26

J JOUTES

Overgewicht? Dat is bij de *joutes nautiques,* de Zuid-Franse strijd tussen vissersboten, geen nadeel. In tegendeel! De grote helden van de *tintaine* dragen allemaal aanzienlijke reddingsgordels onder hun witte tenue. Lichaamseigen uiteraard. Maar er is ook kracht en lichaamsbeheersing nodig om op de bewegende plank *(tintaine)* 2 m boven het water je evenwicht te bewaren, de 2,80 m lange lans te richten en tegelijkertijd de stoot van je tegenstander met het zware houten schild af te weren. In Sète, Frontignan, Balaruc, Mèze, Marseillan, Agde en Palavas kun je het spektakel, dat vooral in de categorie *lourd* vermakelijk is, van eind mei tot begin september bijwonen (www.joutes-languedociennes.com).

Rivier – kanaal – lagune

Agde Croisières

De rondvaart die de meeste afwisseling biedt is de *Expédition Evasion:* de *Millesime* vaart stroomopwaarts over de **Hérault** naar **Agde**, waar de **Ecluse ronde** het mogelijk maakt dat de boot het **Canal du Midi** opvaart. Op het kanaal kom je dan voorbij de *Réserve du Bagnas* en de **Pointe des Onglous** en vaar je langs de oestertafels van het **Etang de Thau.**

9-11, Quai du Cdt. Méric, Le Grau d'Agde, tel. 04 67 01 71 93, apr.-okt. dag. vertrek 14, terugkeer 18.30 uur, € 19, 3-10 jaar € 13

Info en evenementen

OT: Esp. Molière, 34300 Agde, tel. 04 67 94 29 68, www.agde-herault.com. Bulle d'Accueil, Le Cap d'Agde, tel. 04 67 01 04 04, www.capdagde.com

Béziers, Haut-Languedoc, Minervois

Hoewel het nog geen 20 km van zee ligt, richt Béziers zich vooral op het met wijngaarden bedekte achterland. In de 17e eeuw deed de aanleg van het Canal du Midi de stad tot een centrum van wijnhandel uitgroeien. Landinwaarts ligt het Molièrestadje Pézenas, waar oude herenhuizen, ambachtelijke werkplaatsen en rommelwinkeltjes een verkenning waard zijn. De wegen slingeren zich tussen wijngaarden door naar de Haut-Languedoc, een eldorado voor een actieve vakantie. In de Minervois herinneren dorpen aan de kruistochten tegen de katharen.

Béziers J 12

Van verre zichtbaar troont de kathedraal van Béziers op een rotsplateau boven de Orb en het Canal du Midi. Het middelpunt van deze typisch Zuid-Franse provinciestad (74.500 inwoners) zijn de brede Allées Paul Riquet. Deze naam en een monument herinneren aan de beroemde stadszoon en ingenieur die het Canal du Midi plande. In de schaduw van de fraaie platanenlaan wordt druk gepraat en geflaneerd. In de smalle kronkelstraatjes van de oude binnenstad kun je ook heerlijk wandelen. Niettemin kan de oude wijnhoofdstad van Languedoc niet verbergen dat het economisch momenteel niet voor de wind gaat.

De grillen van de geschiedenis

De van oorsprong romaanse kerk van **Ste-Madeleine** 1 (pl. de la Madeleine, dag. 10.30-12.30, 16-18 uur) bewaart de verschrikkelijke herinnering aan het bloedbad dat de kruisvaarders onder leiding van Simon de Montfort in 1209 aanrichtten en waarbij de meerderheid van de inwoners van Bézier omkwam. Ook de van oorsprong romaanse **Cathédrale St-Nazaire** 2 (pl. des Albigeois, dag. juni-aug. 9-19, sept.-mei 9-12, 14.30-17.30 uur) werd door de kruisvaarders verwoest. Op de resten werd tussen de 13e en 15e eeuw een nieuw bouwwerk in gotische stijl en met zware torens opgetrokken. Neem ook een kijkje bij de **Jardin des Evêques** aan de voet van de kloostergang.
Het **Musée du Biterrois** 3 in de ruime zalen van de voormalige Caserne St-Jacques biedt gedetailleerd inzicht in de maatschappelijke, culturele en economische ontwikkeling van de stad en omgeving (rampe du 96ème, di.-za. en eerste zo. van de maand juni-sept. 10-17, okt.-mei 10-12, 14-17 uur, € 3).
Meer over het leven van Pierre-Paul Riquet en de aanleg van het Canal du Midi kom je te weten bij de **Ecluses de Fonseranes** (▸ blz. 59).

K
KRUISTOCHT

'Dood ze allemaal, want de Heer herkent de Zijnen!' Met deze oproep voor de poorten van Béziers begon in 1209 de door paus Innocentius III uitgeroepen kruistocht tegen de katharen (Grieks voor 'de zuiveren'). De leden van deze in Languedoc wijdverbreide sekte zagen al het aardse als werk van de duivel en streefden door strenge ascese en een deugdzaam leven naar goddelijke verlossing. De Franse koning gaf maar al te graag gehoor aan de oproep van de paus voor een kruistocht, want zo kreeg hij de kans om de onafhankelijke graafschappen in het zuiden bij zijn rijk in te lijven.

Klein en gezelliig

Des Poètes 1

Als je met de trein komt, leidt de reis naar de stad door het romantische park Plateau des Poètes en vlak langs dit familiehotel. Het is centraal gelegen en toch aangenaam rustig. De veertien kamers zijn modern en fuctioneel ingericht. Een paar van de kamers kijken net als de lichte ontbijtzaal op het park uit. Wie met de auto komt, kan een plaatsje in een parkeergarage reserveren.
80, allées Paul Riquet, tel. 04 67 76 38 66, www.hoteldespoetes.net, 2 pk vanaf € 55-70, garage € 9

Testeten voor Michelin

L'Octopus 1

De sterrenkok Fabien Lefebvre heeft in 2017 de pollepel doorgegeven aan Franck Radiu. De voormalige kandidaat van de Franse versie van *Masterchef* wil de Michelinster van het restaurant behouden, maar is er ook op gebrand om in ieder geval één menu aan te bieden dat ook bereikbaar is voor de minder gevulde beurs.

BÉZIERS

Bezienswaardig
1 Ste-Madeleine
2 St-Nazaire
3 Musée du Biterrois

Overnachten
1 Des Poètes

Eten en drinken
1 L'Octopus
2 La Maison de Petit Pierre

Winkelen
1 Les Halles

Uitgaan
1 Le Chameau Ivre

12, rue Boieldieu, tel. 04 67 77 36 29, op Facebook, di.-za. 19-23, do.-zo. 12-15 uur, tweegangenmenu € 22, driegangenmenu € 33, menu dégustation € 42, € 65

Bij de televisiekok
La Maison de Petit Pierre 2

Pierre Augé is een van de keukengrootheden van de Biterrois; hij werd nationaal bekend door de televisieserie *Top Chef*. Maar waar het vooral om gaat is dat hij zijn vak verstaat. Het in landhuisstijl ingerichte familierestaurant met fraaie binnenplaats ligt vlak bij de Arènes.

22, av. Pierre-Verdier, tel. 04 67 30 91 85, www.lamaisondepetitpierre.fr, ma.-wo. 's middags, do.-zo. 's middags en 's avonds geopend, lunch ma.-vr. € 17/25, lunch-, dinermenu € 42/75, tapasmenu € 28

Marktsfeer
Les Halles 1

In de fraaie oude markthal worden de beste producten van de streek verkocht en in diverse bistro's geserveerd.

Pl. Sémard, www.halles-beziers.com, di.-za. 7-13.30, zo. 7-15 uur

6

Met de boot over de berg – **Fonseranes**

In een getrapte cascade stroomt het Canal du Midi door de Neuf Ecluses de Fonseranes omlaag naar Béziers. Een geniaal meesterwerk dat Pierre-Paul Riquet zijn geboortestad naliet. Voor de recreatieve vaarders vormen de trappen in deze route een niet te onderschatten hindernis. Tijdens een minicruise kun je de passage van dichtbij beleven.

Als je geen zin in een boottochtje hebt, kun je het kanaal ook vanaf Fonseranes op de jaagpaden aan weerszijden van het kanaal verkennen – ook op de fiets. De route gaat over het Pont-canal 4, met uitzicht op de stad en de kathedraal, en langs de Ecluse de l'Orb 6, de hoogste kanaalsluis, naar de Port Neuf 7. Naast de kanaalboten liggen hier ook grotere schepen, sommige permanent. Boottoeristen en inwoners ontmoeten elkaar bij de bar van Café du Plaisance 2 (1, quai du Port-Neuf, tel. 04 67 76 15 90) aan het einde van de haven. Ook het terras in een tuin in de schaduw van bomen ziet er uitnodigend uit.

De sluizen van Fonseranes, die zoals het hele Canal du Midi UNESCO Werelderfgoed zijn, ontvangen de talloze bezoekers sinds de zomer van 2017 over nieuwe toegangswegen en aantrekkelijk vormgegeven oevers. Wie hier vroeger al eens was, zal echter het chaotische gedoe direct aan de sluiskade missen.

De droom van Riquet

Het voortreffelijk gerestaureerde **Maison du Coche d'Eau** 1 is met zijn informatiepunt, kaartjesloket, winkel en restaurant **Le 9** 1 de eerste bestemming voor de sluisbezoeker. Vergeet niet een kijkje te nemen bij het virtuele **Spectacle** over het Canal du Midi op de eerste verdieping: hier ervaar je hoe Riquet de machtige Colbert en de koning voor zijn idee won, hoe het werk op het gigantische bouwterrein vorderde, en hoe het kanaal ingewijd werd en tot op de dag van vandaag gebruikt wordt. Wie geen Frans begrijpt, kan gewoon naar de fraaie beelden kijken.

Waarom negen sluizen?

Tegenover het Maison du Coche d'Eau begint de **Cap au Sud** 1 zijn tocht door de **sluistrap** 2. Dat duurt een halfuur, waarbij een hoogteverschil van 21,5 m moet worden overwonnen. Met een druk op de knop opent de sluiswachter de oude houten deuren automatisch, met de hand gebeurt dat al lang niet meer. Per schutkolk schiet 700 m³ water naar het dal.

Van de vroeger zevende schutkolk ging de vaart oorspronkelijk verder door een achtste kolk in de

Zo rustig is het bij de bovenste toegang tot de Neuf Ecluses alleen in het laagseizoen. In de zomer moet je geduld hebben. De spaning stijgt, want voor sommige 'schippers' is dit de eerste keer in een sluis.

Port Notre-Dame 3. Aan het einde daarvan regelde een negende sluis de toegang tot de Orb, die over enkele honderden meters samenvalt met het Canal du Midi. Sinds 1858 wordt de lastige passage over de rivier geregeld met de 240 m lange **Pont-canal de l'Orb** 4. De Cap au Sud vaart op 12 m boven de rivier door de stenen bak, waarna hij bijdraait en weer richting Fonseranes gaat.

Kort voor de aanlegplaats takt aan bakboordzijde bij het nieuw ingerichte **Ile des Eclusiers** de toegang tot de **Pente d'eau** 5 af. Het was de bedoeling dat schepen met deze hydraulische sluis uit 1990 het hoogteverschil bij Fonseranes in slechts zes minuten zouden overwinnen, maar de moderne techniek werkte nooit storingsvrij en inmiddels heeft men het opgegeven.

INFORMATIE

Website: www.beziers-in-mediterranee.com
Erheen: verplicht parkeerterrein, vanaf Rond-Point de l'Ecluse (D 609) aangegeven, apr.-okt. € 3 per uur, max. € 12; vandaar ca. 200 m lopen
Cap au Sud 1: tel. 07 82 09 13 51, www.capausud.eu, afdaling juli, aug. dag. 15.15, apr.-juni, sept., okt., ma.-vr. 13.30, zo. 15.15 uur, duur 1.15 uur, daarna weer omhoog, € 11, tot 12 jaar € 7. tijden variëren!

ETEN EN DRINKEN

Voor een hapje kun je terecht bij **Le 9** 1 (tel. 04 67 36 85 64, menu rond € 15) in het Maison du Coche d'Eau, waar een fraaie glazen aanbouw in de vorm van een scheepsboeg mooi uitzicht biedt op de sluizen en de kathedraal.

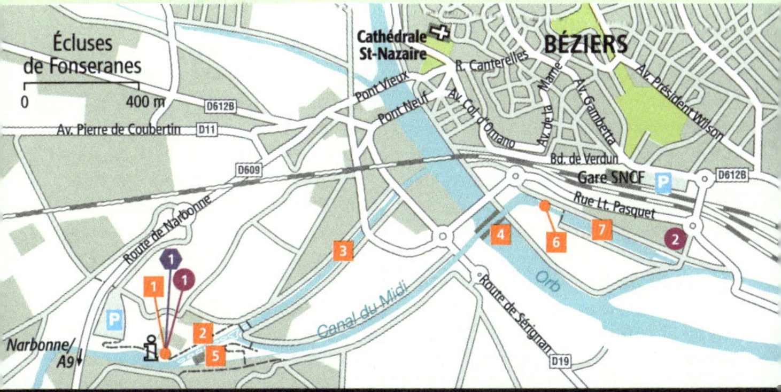

Uitneembare kaart: J 12/13

Wie een bijzonder Panorama zoekt, beklimt de klokkentoren van de kathedraal. De wenteltrap telt 169 treden.

Grote wijnkeuze

Le Chameau Ivre 1

's Middags serveert de 'dronken kameel' lichte bistrogerechten, 's avonds doet hij als sfeervolle wijnbar zijn naam eer aan. Je kunt de wijnen per glas bestellen. Tapas en kleine hapjes zorgen voor een goede bodem.

15, pl. Jean-Jaurès, tel. 04 67 80 20 20, op Facebook, di.-za. 10-15, 17.30-1 uur

Info en evenementen

OT: Pl. du Forum, 34500 Béziers, tel. 04 99 41 36 36, www.beziers-in-mediterranee.com

Aéroport Béziers Cap d'Agde: www.beziers.aeroport.fr. Bussen naar Béziers en Agde/Marseillan.

Gare SNCF: 14, bd. de Verdun. Treinen naar Montpellier, Narbonne, Bédarieux.

Gare routière: Pl. de Gaulle, www.herault-transport.fr. Centrale halte voor stads- en streekbussen.

Les Jeudis de Béziers: eind juni–aug. do. vanaf 19 uur nodigen de wijnboeren van de Biterrois op de Allées Paul Riquet uit om wijn te proeven. Begeleid door een muzikaal programma.

Feria de Béziers: vier dagen rond 15 aug., www.arenes-de-beziers.com. Tijdens de Feria veranderen de straten van de stad in themadorpen met bodega's en bars. Uiteraard zijn er ook stierengevechten in de arena.

IN DE OMGEVING

Strandbezoek

Op 15 km van het centrum vind je de badplaatsjes **Portiragnes-Plage** en **Sérignan-Plage** (🕮 K 13). Portiragnes is per fiets goed bereikbaar over een *voie verte* langs het Canal du Midi. Aan de monding van de Orb is **Valras-Plage** een leuk plaatsje voor een stranddagje. Vervolgens is het maar een steenworp naar de nieuwe jachthaven **Port de Chichoulet** links van de monding van de Aude. Deze haven is nog niet door het massatoerisme ontdekt. Via een smal bruggetje bereik je het handjevol huizen van **Cabanes-de-Fleury** (🕮 J 14) aan de andere kant van de rivier. Een plaatsje verloren tussen moeras, strand en zee, waar voornamelijk campinggasten komen, naast liefhebbers van het tuinrestaurant **Lou Cabanaire** (www.loucabanaire.com). De visgerechten zijn top, de sfeer is er prima.

Landelijke lucht snuiven

Domaine de la Bâtisse

De familie Margé ontvangt gasten in een oude boerderij die verscholen in de natuur aan de oever van de Aude ligt. Je kunt er kiezen uit tien nostalgisch ingerichte kamers in de kleuren van het zuiden. Iets verderop ligt de Manade Margé, waar je onder andere terecht kunt voor een ritje met *gardians* en voor een *ferrade*. Het is 3 km naar het strand bij de monding van de Aude.

11560 Fleury d'Aude (vanaf Béziers D 14 tot Lespignan, neem daar de D 618, voor de brug over de Aude links), tel. 04 68 33 77 01, www.la-manade.fr, 2 pk € 60 incl. ontbijt

Tijdreis

Het **Oppidum d'Ensérune** (J 13) op een kalksteenplateau tussen de brakwatermeren ten zuiden van Béziers was van de 6e eeuw v.Chr. tot in de 1e eeuw n.Chr. bewoond. In de Romeinse tijd leefden hier mogelijk ruim zevenduizend mensen. Neem de tijd om de opgraving te verkennen. Ensérune is tevens een voortreffelijk uitzichtpunt. Het panorama omvat de complete Languedoc van de kust tot de Cevennen en zuidwaarts tot aan de Pyreneeën. Het cirkelvormige **Étang de Montady** biedt een bijzondere aanblik. Het werd in de 14e eeuw drooggelegd en doet aan een reusachtige taart denken.
De heuvel van Ensérune was een bijna onneembare hindernis voor de bouwers van het Canal du Midi. Riquet waagde het erop en liet een 173 m lange tunnel door de rots boren voor het kanaal. De toegang tot de **Tunnel de Malpas** is met borden aangegeven langs de weg naar het Oppidum.

D 162E, Nissan-lez-Ensérune, www.enserune.fr, mei-aug. dag. 10-19, sept.-apr. di.-zo. 10-12.30, 14-18/17.30 uur, laatste toegang 1 uur voor sluitingstijd € 6, tot 18 jaar gratis; meer info bij het Maison du Malpas, www.ladomitienne.com

Pézenas K 11/12

Het stadje (7800 inwoners) tussen de wijngaarden van het dal van de Hérault heeft een goed bewaard gebleven centrum met fraaie stadspaleizen uit de 17e en 18e eeuw. In de zomer zijn de middeleeuwse steegjes een populair uitstapje voor strandgangers.

Discreet

La Dordine

In de voormalige Joodse wijk verhuren Véronique en Aurélien in hun smalle stadshuis uit de 14e eeuw drie charmante kamers. Een steile trap leidt omhoog naar de Chambres Syrah en Picpoul op de tweede verdieping en Carignan op de zolderverdieping. Aurélien heeft de namen gekozen; hij heeft ook een wijnwinkel en kan veel over de regionale wijnbouw vertellen. Aan de andere kant van de straat verhuurt het stel drie eenkamerappartementen.

T TOTEM

Als het in Pézenas feest is, kun je er een merkwaardig wezen tegenkomen: een enorm lichaam gehuld in een blauw doek met sterren, waaruit een verhoudingsgewijs klein houten paardenhoofd steekt. Het veulen *(poulain)* is een van de bonte schare totemdieren die bij sommige dorpsfeesten in de Hérault ronddwalen. Tot de prominenste horen de kameel *(lo camèl)* van Béziers, de ezel *(âne)* van Gignac en de stier *(boeuf)* van Mèze. Onder de constructie van hout en doek draagt een tiental jonge mannen het totemdier. Het begeleidt de feeststoet, bedelt met klapperende kaken bij het publiek om een bijdrage en haalt ondertussen de nodige streken uit.

7

In het dichtersstadje – Pézenas

De straatjes van Pézenas lijken wel het decor van een historische film. In het prachtige paleis resideerden vroeger de gouverneurs van Languedoc en Molière vermaakte hen met zijn toneelgroep. Tegenwoordig kun je in de zomer in de oude huizen een vijftigtal ateliers van kunstenaars en ambachtsmensen bezoeken.

Pézenas was ooit de Romeinse kolonie *Piscenae* en in de middeleeuwen een lakenstad, maar het beleefde zijn grote bloei in de 16e en 17e eeuw, toen hier de États-Généraux, een soort parlement, van Languedoc, vergaderden en de gouverneurs uit de familie Montmorency-Damville en Bourbon-Conti hier hun residentie hadden. Prominenten uit het hele koninkrijk kwamen tijdens zittingen van de États-Généraux naar de stad, die toen de bijnaam 'Versailles du Languedoc' kreeg.

Langs de zogeheten Route des Antiquaires 🛍 *(D 913) vind je een groot aantal kraampjes met antiek en bric-à-brac (brocantes) om te snuffelen. Op de eerste zondag van mei en de tweede zondag van oktober veranderen circa 150 verkopers de weg in een enorme antiekmarkt (www.antiquites-pezenas.com).*

De geboorte van Molière

Met name prins Armand de Bourbon-Conti omringde zich met een grote hofhouding. Terwijl hij nu vrijwel in de vergetelheid is geraakt, behaalde zijn beschermeling, de komedieschrijver Jean-Baptiste Poquelin, onsterfelijke roem onder de naam Molière. In 1650, 1653 en 1656 trad hij met zijn Illustre Théâtre in Pézenas op. In het imposante **Hôtel de Peyrat** 1, waar het **Office de Tourisme** in zit, vertelt de **Scénografie Molière** over het turbulente Leven van Jean-Baptiste Poquelin.

Deze jaren in de provincie inspireerden Molière tot een paar beroemde komedies. Zo heeft zijn 'Don Juan' veel weg van prins Conti. Zijn karakters duikelde de dichter op in de barbierswinkel van zijn vriend Gély (**Musée Boby-Lapointe** 2) aan de Place Gambetta. Hier keek hij uit op het **Maison Consulaire** 3, waar de États-Généraux vergaderden. Tegenwoordig tonen kunsthandwerkers er hun producten. De stoel waarop Molière bij Gély zat en andere rekwisieten zijn te zien in het **Musée Vulliod-St-Germain** 4, dat ook een beeld geeft van de woonsituatie in de 16e-18e eeuw.

Het Hôtel de Lacoste (Rue Oustrin) 5 *toont imposante architectuur uit het begin van de 16e eeuw met stenen trappenhuis en gotische gewelven.*

Slenteren door de stad

In de oude straatjes rond de Place Gambetta zitten talrijke boetieks en ateliers. Ga zeker ook het opvallende werk van Eric Bourneil bekijken in diens atelier **Autour de l'Arbre** (11, rue Triperie-Vieille). Hij maakt schalen en objecten van hout. Als je gewoon wat rond blijft zwerven door de straten kom je vanzelf langs fraaie oude paleizen, verborgen binnenplaatsen en het getto, waar in de 14e eeuw de Joodse gemeenschap woonde.

INFO EN OPENINGSTIJDEN

Scénovision Molière 1: in het OT, dag. elk kwartier, juli, aug. 9-17.45, sept.-juni 9-10.45, 14-16.45, zo. vanaf 10 uur, € 6, met korting € 4
Maison Consulaire 3: Place Gambetta, juli, aug. 10-12, 14-19, sept.-juni di.-zo. 10-12, 14-18 uur
Musée de Vulliod-St-Germain 4: 3, rue A.-P.-Alliès, juni-sept. di.-zo. 10-12, 15-19, feb.-mei, okt.-half nov. 10-12, 14-17.30 uur, € 2,50
Ateliers en winkels: adreslijst in het Office de Tourisme, juli, aug. wo., vr. tot laat op de avond geopend

---

ETEN EN DRINKEN

In de eenvoudige **Brasserie Chez Hansi** 1 (6, rue Anatole France, zo. gesloten, lunchmenu rond € 15), vlak bij de Cours Jean Jaurès, staan alledaagse gerechten op het menu die inmiddels niet meer zo alledaags zijn – bijvoorbeeld kwartel, konijn en kinnebakspek.

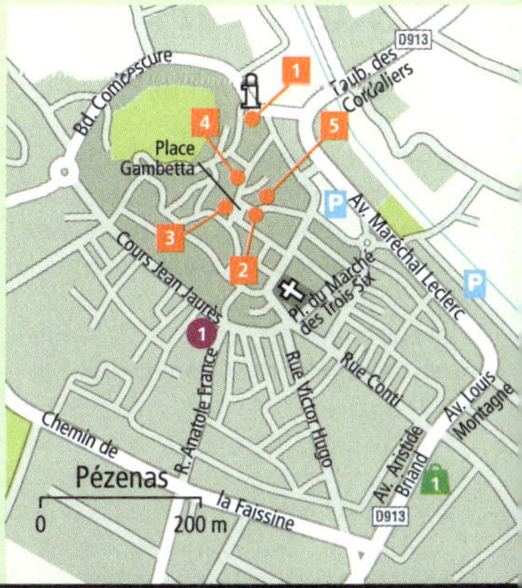

Uitneembare kaart: K 11/12

9, rue des Litanies, tel. 04 67 90 34 81, www.ladordine.com, € 55-70 incl. ontbijt; gîte € 319-439 per week, in het hoogseizoen alleen per week te huur, anders vanaf twee nachten

Typisch Midi

Les Maronniers

Aan de straat van de bric-à-bracwinkeltjes ligt deze zaak met een terras onder de kastanjebomen. Binnen is het gezellig met allerlei spulletjes en oude plakaten aan de muren, terwijl er ook een veranda en een zijruimte met een mooie tegelvloer is. Op tafel komen Franse landelijke gerechten, terwijl er in het weekend 's avonds tapas worden geserveerd.

6, av.e de Verdun, tel. 04 67 90 13 80, op Facebook, di.-za. 11.45-14, vr., za.19.45-22.30 uur, menu vanaf € 18,50, tapasschotel vanaf € 5

Info en evenementen

OT: Hôtel de Peyrat, pl. des Etats du Languedoc, 34120 Pézenas, tel. 04 67 98 36 40, www.pezenas-tourisme.fr. Een tentoonstelling van het **Centre d'Interprétation de l'Architecture et du Patrimoine (CIAP)** informeert hier over het architectonische en culturele erfgoed van Pézenas en omgeving.
Mirondela dels Arts: juli/aug., www.mirondeladelsarts.com, theater, concerten, tentoonstellingen, vermaak in de straten van de oude stad.

Roquebrun H 11

Dit fraaie dorp vormt de toegangspoort tot het Parc Naturel Régional du Haut-Languedoc. Van de brug over de Orb lopen de natuurstenen huizen omhoog naar de ruïne van een middeleeuwse burchttoren. Wijnliefhebbers waarderen de gerenommeerde Cave, actievelingen de kajak- en wandelmogelijkheden.

Le Petit Nice de l'Hérault

Vanwege het milde microklimaat wordt Roquebrun wel Le Petit Nice genoemd. Net als aan de Côte d' Azur bloeien de mimosa's hier in februari. In de **Jardin Méditerranéen** (www.jardin-mediterraneen.fr, juli, aug. dag. 9-19, feb.-juni, sept.-nov., ma.-vr. 9-12, 13.30-17.30, za., zo. 13.30-17.30 uur, € 5) onder de burchttoren gedijen cactussen en andere exotische planten.

Voor een langer verblijf

Manoir la Trivalle

De Nederlanders Bert en Henny hebben aan de voet van de Gorges d'Héric hun droom van het landleven in de Midi verwezenlijkt en laten hun gasten ervan meegenieten. Het huis is fraai ingericht en het diner wordt altijd met grote zorgvuldigheid bereid en smaakt voortreffelijk.

Rte. des Gorges d'Heric, Mons-la-Trivalle, tel. 04 67 97 85 56, www.monslatrivalle.com, 2 pk incl. ontbijt € 70/80 (eigen badkamer), € 65/75 (gedeelde badkamer), *gîte* voor 2-4 pers. € 400-700 per week, table d'hôte € 29

Smullen aan de Orb

Le Petit Nice

Op het terras boven de rivier smaken de omelet, salade of pizza extra goed. Jean Christophe Aragon zet ook smakelijke regionale klassiekers op tafel.

11, av. du Roc de l'Estang, Roquebrun, tel. 04 67 89 64 27, juli-sept. di.-zo. lunch en diner, okt.-juni di.-zo. alleen lunch, menu vanaf € 15

Door de kloof van de Orb

Een echte aanrader is een **kanotocht** door de Gorges de l'Orb. Wees maar niet bang, de tocht gaat stroomafwaarts! **Canoë Roquebrun** (Chemin de Laroque, tel. 04 67 89 52 90, www.canoeroquebrun.com) brengt je met alle uitrusting naar het startpunt in Tarrassac (15 km, 5 uur), Vieussan (10 km, 3 uur) of Ceps (5 km, 1,5 uur).
Fietsers met een beetje conditie kunnen vanuit Roquebrun een rondrit maken via Berlou, Escagnès, Vieussan en door de Gorges de l'Orb. Let na het uitzichtpunt met uitzicht op Roquebrun bij de afdaling op dat je het weggetje rechts naar Berlou (geen borden!) niet voorbij fietst (ca. 30 km, 3 uur).
Wandelaars nemen het Circuit l'Ayrolle van Ceps door de Gorges de l'Orb (rondwandeling, 10 km, 3,5 uur).

Groen is de dominante kleur langs de Orb en Jaur. Beneden in de dalen het lichte groen van de druiven, op de heuvels het donkere grijsgroen van de garrigue.

Info
OT: 4, av. des Orangers, 34460 Roquebrun, tel. 04 67 23 02 21, www.ot-caroux.fr. Ook beschrijvingen van wandelingen *(fiches rando).*

IN DE OMGEVING

Een droom voor natuurliefhebbers
Het in 1973 opgerichte **Parc Naturel Régional du Haut-Languedoc** (🕮 D–H 10/11) omvat de Caroux, de Monts de l'Espinouse, de Monts de Lacaune en een deel van de Montagne Noire. De bosrijke bergstreek is een heerlijk natuurgebied. De mediterraan aandoende dalen van de Orb en Jaur aan de zuidrand van het beschermde gebied kun je actief over de **Passa Païs** (▶ blz. 66) verkennen. In het noorden bereiken de bergmassieven een hoogte van ruim 1000 m en de altijd groene garrigue maakt er geleidelijk aan plaats voor kastanjebossen, naaldhout, brem en heide. Talrijke beekjes stromen door grandioze kloven naar de dalen. Voor een mooi overzicht kun je naar de **Table d'Orientation** op de **Caroux** (1091 m). Vanuit het bergdorp **Douch** (🕮 H 10) loopt er een rondwandeling heen (8 km, ca. 3 uur).

Minerve 🕮 F 12

In Minerve, dat schilderachtig op een rots bij het samenvloeien van Cesse en Brian ligt, werd een van de zwartste bladzijden uit de geschiedenis van Languedoc geschreven. In 1209 werden er na een belegering tweehonderd katharen op de brandstapel gezet.

Maaltijd met uitzicht
Relais Chantovent
De tafeltjes op het terras, dat boven de kloof van de Brian zweeft, zijn altijd snel bezet. Geen wonder met dit panorama! De lichte en modern ingerichte eetzaal in het oude huis is echter ook aangenaam. De bistrogerechten bereid met regionale producten zijn lekker. In het huis aan de overkant worden vijf kamers verhuurd. Gezien de kwaliteit van het eten is halfpension een aanrader.
17, Grand Rue, tel. 04 68 91 14 18, www.relaischantovent-minerve.fr, zo.avond, di.avond, wo. gesloten, menu € 22-62, 2 pk € 53 (half pension € 65, met garage

Info
OT: 9, rue des Martyrs, tel. 04 68 91 81 43, www.minervois-tourisme.fr.

#8

Groene weg door de Haut-Languedoc – **Passa Païs**

Op de Passa Païs, een vormalige spoorweg, kun je door de mediterrane Midi tot aan de uitlopers van de Pyreneeën fietsen en een idee krijgen van de landschappelijke verscheidenheid van Haut-Languedoc. De vrijwel vlakke route stelt weinig eisen aan de conditie, maar wees niet overmoedig, want je moet ook nog terug fietsen.

Hoewel de populatie moeflons die in 1956 in het Carouxmassief is uitgezet inmiddels tot duizend dieren is gegroeid, zul je ze op de fiets op de Passa Païs waarschijnlijk niet zien. Behalve in Olargues! Hier is het symbooldier van de Caroux op de achterkant van de bushaltes te bewonderen.

Het spoor Mazamet–Bédarieux legde eind 19e eeuw voor de boeren in Haut-Languedoc de toegang tot nieuwe markten open en zorgde voor een bescheiden welvaart. In 1972 vervoerde de Micheline, een rode railbus, voor het laatst passagiers. Vijftien jaar later hielden ook de goederentreinen ermee op. Als *voie verte* beleeft het tracé nu een renaissance. De 'wielen' draaien weer!

Aan de voet van de Caroux

In **Mons-la-Trivalle** 1 kun je een fiets huren. De tocht loopt van hier in oostelijke richting door het dal van de Orb. Dit deel is het afwisselendst. Meteen bij het begin kom je langs de spectaculaire rotswanden van de **Gorges d'Héric** 2. De poelen in het riviertje zijn in de zomer populaire zwemplekken, een wandelpad gaat omhoog de Caroux in. Iets verder slingert beneden in het dal de Orb zich naar de brug van **Tarrassac** 3, het startpuntt van

De Passa Païs is voor alle leeftijden te doen. Het maximale stijgingspercentage is 4 %. De route is bovendien verboden voor gemotoriseerd verkeer, met uitzondering van e-bikes.

kajaktochten stroomafwaarts. Ook de **Gorges de Colombières** 4 trekt wandelaars. Je kunt een stop maken in het kuuroord **Lamalou-les-Bains** 1, dat de sfeer van het oude Frankrijk uitstraalt. Voor je aan de terugweg begint, kun je in **Hérépian** 2 het klokkengietersmuseum bezoeken.

Onder een groen gewelf

Van Mons volgt de Passa Païs in westelijke richting de loop van de Jaur stroomopwaarts. Al snel kom je bij **Olargues** 3, dat op een rots boven de rivier troont en twee fraaie fotomotieven heeft: in het oosten de rood geverfde, ijzeren Pont Type d'Eiffel, en in het westen de middeleeuwse Pont du Diable. En dan is er nog op het topje van de rots de tot klokkentoren omgebouwde burchttoren.

Kort na Olargues wijst een bord de richting naar de **Source du Fréjo** 5 (5 minuten lopen), waar je bij een waterval in de Jaur kunt zwemmen. Bij het **Viaduc de Julio** 4 wordt de Passa Païs een 'bergetappe'. Voor veel fietsers betekent dat afstappen en lopen. Bij St-Etienne-d'Albagnon, Prémian en Riols loopt het tracé langs de bovenrand van de dorpen. De afslag naar de voormalige bisschopszetel **St-Pons-de-Thomières** 5, waar je een archeologisch museum en de bron van de Jaur kunt bezoeken, is makkelijk over het hoofd te zien. Wie nog de puf heeft, kan 6 km verder fietsen naar **Courniou** 6, dat bij de grens van het departement ligt. Daar kun je in de **Grotte de la Devèze** een kijkje nemen in de onderaardse sprookjeswereld van Haut-Languedoc.

INFO EN OPENINGSTIJDEN

Duur: afhankelijk van de afstand 1/2-1 dag
Afstanden: Mazamet–Courniou 33 km; Courniou–Mons 26 km, Mons–Hérépian 13 km
Internet: www.voies vertes-hautlanguedoc.fr
Fietsverhuur 1: tankstation, D 908, Mons-la-Trivalle, tel. 04 67 97 64 42, www.velo-caroux.fr

ETEN EN DRINKEN

Langs de Passa Païs zijn in de zomer diverse gelegenheden met tuin open. Let op de bordjes! Een aanrader is de **Auberge du Caroux** 1 (tel. 04 67 97 72 12) in Mons-la-Trivalle. Hier kom je langs als je de route volgt of de Gorges d'Héric in wilt. In het zomerseizoen serveert **La Lampisterie** 2 bij het oude station van Olargues vanaf 's middags ovenverse pizza.

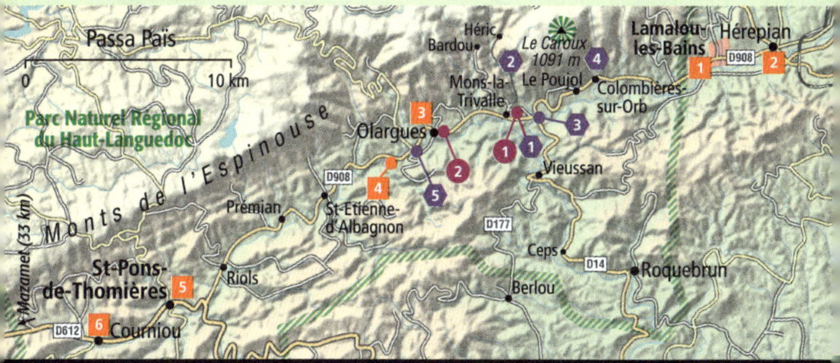

Uitneembare kaart: F–J 10/11

VISA
VISA
LES 3 & 4 AOUT
GRUI-
-SSAN
PLAGE DES CHALETS
/ PAPARAZZO
TR3NTE-
SEP7
D2UX
NAIVE NEW BEATERS (LIVE)

Carcassonne, Narbonne, Pays Cathare

Voor de een is Carcassonne het ideaalbeeld van een middeleeuwse vestingstad, voor de ander het hersenspinsel van een romanticus. Narbonne is een charmante provinciestad met een imposante kathedraal en een bisschoppelijk paleis. Het ligt niet ver van zee, waar naast vissers- en wijndorpen als Gruissan en Leucate nieuwe vakantiecomplexen zijn verrezen. Landinwaarts in de Corbières kun je op steile rotsen de resten van katharenburchten bezoeken.

Carcassonne D 13

De prefectuur van het departement Aude (46.000 inwoners) is een gedeelde stad: beneden de jongere Ville Basse – boven de Cité. Duizenden mensen uit de hele wereld bezoeken dagelijks de vestingwerken, die sinds 1997 UNESCO Werelderfgoed zijn.

Schaakmat

Ver van het toeristische gedrang heeft de **Ville Basse** de kalme sfeer van een Zuid-Frans stadje behouden. Het middelpunt van de benedenstad is de **Bastide St-Louis**, die in 1247 in een schaakbordpatroon werd aangelegd toen de burgerbevolking door de soldaten van Lodewijk XI uit de Cité werd gezet. In de Bastide heerst op marktdagen (di., do., za. 7-13 uur) op de centrale **Place Carnot** een levendige drukte. In het zomerseizoen is er ook reuring bij de **haven aan het Canal du Midi.** Maar de meeste toeristen verdringen zich in de straatjes van de **Cité** (1-6 ▸ blz. 72).

Tafel en bed

bloc G 1

Met een minimalistische, bijna karige inrichting in grijs en wit onderscheidt dit hotel met slechts vijf kamers en bijbehorend restaurant in de wijk Trivalle zich van de andere hotels in Carcassonne.

112, rue Barbacane, tel. 04 68 47 58 20, www.bloc-g.com, 2 pk vanaf 90 incl. ontbijt; restaurant ma. gesloten, menu vanaf € 15

Gezellige sfeer

La Maison sur la Colline 2

Delphine en Nicole ontvangen in hun betoverende huis in de heuvels boven de Cité hun gasten alsof ze familieleden zijn. Er zijn vijf nostalgisch ingerichte *chambres d'hôtes* en een tuin met zwembad. 's Avonds kunnen de gasten op verzoek aanschuiven voor de *table d'hôtes*.

Chemin de Ste-Croix, tel. 04 68 47 57 94, www.lamaisonsurlacolline.com, 2 pk vanaf € 95 incl. ontbijt, table d'hôte € 30, op aanvraag

Cassoulet natuurlijk

Auberge des Lices 1

Ondanks de ligging in het toeristische centrum is het eten hier goed en de sfeer verzorgd. Zowel 's middags als 's avonds kun je hier een redelijk geprijsd menu nemen. De specialiteiten van het huis zijn *cassoulet* en in honing gekarameliseerd speenvarken.

3, rue Raymond-Roger-Trencavel, tel. 04 68 72 34 07, www.aubergedeslices.com, sept.-juni di. en wo. gesloten, menu vanaf € 19,90

Bij kaarslicht

Le Jardin de la Tour 2

Wat een plezierige verrassing is het schaduwrijke terras van dit restaurant, dat begrensd wordt door de muur van het Château Comtal. In de zomer kun je er onder de bomen romantisch dineren. Als het te koud is, zitten de gasten gezellig binnen.

11, rue Porte-d'Aude, tel. 04 68 25 71 24, alleen 's avonds open, sept.-juni zo. en ma. gesloten, menu vanaf € 18,50

Info en evenementen

OT: 28, rue de Verdun, 11890 Carcassonne, tel. 04 68 10 24 30, www.tourisme-carcassonne.fr. Filiaal in de Porte Narbonnaise.
Aéroport de Carcassonne: Salvaza, www.aeroport-carcassonne.com. Pendelbussen naar het centrum.
Gare SNCF: 1, av. du Maréchal Joffre. Treinen naar Narbonne, Castelnaudary, Limoux, Quillan.
Embrasement de la Cité: met spanning wachten de 700.000 toeschouwers langs de oever van de Aude op het vuurwerk op de avond van 14 juli. Het is het hoogtepunt van het Festival de la Cité (www.festivaldecarcassonne.fr), dat van half juni tot half augustus rond de 120 culturele evenementen biedt.

In de omgeving

Carnaval in de Midi

In de schaduw van platanen rijd je over de D118 de 25 km stroomopwaarts langs de Aude naar het wijnstadje

CARCASSONNE

Bezienswaardig
1 Pont Vieux
2 Porte d'Aude
3 Château Comtal
4 St-Nazaire
5 Porte St-Nazaire
6 Porte Narbonnaise

Overnachten
1 bloc G
2 La Maison sur la Colline

Eten en drinken
1 Auberge des Lices
2 Le Jardin de la Tour
3 Le Bar à Vins

Limoux (🕮 C 15), dat bekend is om zijn traditionele *carnaval* en de mousserende wijn **blanquette de limoux**. Eerder dan in de Champagne zou een monnik uit de nabije Abbaye St-Hilaire de gisting op de fles van schuimwijn hebben ontwikkeld. Hoe hij nu gemaakt wordt zie je bij **Sieur d'Arques** (av. du Mauzac, www.sieurdarques.com, ma.-za. 9.30-12.30, 14-18.30, zo. 10-12.30 uur).

In het donkere bos

Carcassonne is een goede uitvalsbasis voor een rit door de bos- en waterrijke **Montagne Noire**, waarvan de 1211 m metende **Pic de Nore** de hoogste top is. In de uitlopers van het middelgebergte ligt het oude textielstadje **Montolieu** (🕮 C 13; www.montolieu-livre.fr) – met een veertiental boekwinkels en regelmatig boekenmarkten een eldorado voor bibliofielen. Zo'n 8 km verder staat in **Brousses** (🕮 D 12) een papiermolen uit de 18e eeuw die nog in bedrijf is. In de bijbehorende winkel vind je een fraai aanbod aan handgeschept papier (www.moulinapapier.com, dag. 10-12, 14-17 uur).
Boven het woeste dal van de Orbiel tronen de **Châteaux de Lastours** (🕮 D 12/13; D 101, www.chateauxdelastours.fr, juli, aug. dag. 9-20, apr.-juni, sept-half nov. dag. 10-17/18, half nov-dec., feb., mrt. za., zo. 10-17 uur, € 7, 6-15 jaar € 3). Simon de Montfort probeerde in 1210 vergeefs de vesting in te nemen, die uit vier burchten bestaat: **Cabaret**, **Tour Régine**, **Surdespine** en **Quertineux**. Vanaf de rivier kun je een rondwandeling van rond anderhalf uur langs de ruïnes maken.

C CASSOULET

Wie maakt de beste cassoulet? Zowel Carcassonne als **Castelnaudary** (🕮 B 13), 40 km verder westelijk aan het Canal du Midi, claimen de uitvinder te zijn van de cassoulet en beide beweren dat hun recept het enige echte en het beste is. In de *cassole*, de roestbruine aardewerken schaal horen in ieder geval witte bonen, spekzwoerd en knoflook, aangevuld met confit van eend of gans, varkensvlees en worst. Dat alles moet dan in ganzenvet urenlang garen. De aardewerken schotel kun je, net als ingeblikte cassoulet, kopen bij **La Ferme du Pays D'Oc** in Castelnaudary (38, cours de la République, ma.-za. 9-12, 15-19, zo. 9-12 uur).

9

Sprookjesachtig – **La Cité de Carcassonne**

De Cité biedt de gedroomde versie van een middeleeuwse vesting, met machtige muren en voorzien van talloze kleine en grote torens. Maar laat je niet misleiden! Eugène Viollet-le-Duc redde de Cité weliswaar van het verval, maar drukte er zijn eigen, romantisch-geïdealiseerde stmpel op.

De mooiste aanblik heb je als je vanaf de kant van de rivier de Cité 'bestormt'. Tijdens de wandeling van zo'n 15 minuten vanuit de Bastide over de stenen bogen van de **Pont Vieux** 1 (14e eeuw) en door de Rue Barbacane omhoog naar de **Porte d'Aude** 2 heb je geregeld een betoverend uitzicht op de imposante vesting, waarvan de wortels tot ver in de geschiedenis teruggaan.

Tijdreis

De rots boven de oever van de Aude is sinds de 6e eeuw v.Chr. bewoond. De Romeinen versterkten de nederzetting in de 3e-4e eeuw met een muur. Daarna kwamen Visigoten, Arabieren en Franken. De machtige burggraven van Trencavel bouwden in de 12e eeuw binnen de Romeinse ommuring een kasteel. In de hete zomer van 1209 moest Raymond-Roger de Trencavel, die met de katharen sympathiseerde, zich na een belegering van enkele dagen overgeven aan Simon de Montfort met zijn leger van Noord-Franse kruisvaarders.

De Franse koningen maakten Carcassonne daarna tot een machtig bolwerk aan de zuidgrens van hun rijk. Met de Vrede van de Pyreneeën van 1659 verloor de grootste middeleeuwse vesting van Europa zijn belang. Vanaf 1853 restaureerde Viollet-le-Duc het unieke complex.

In het **Château Comtal** 3, het kasteel van Trencavel, geeft een film inzicht in de ingewikkelde bouwgeschiedenis van de vesting. In het **Musée Lapidaire** in het kasteel getuigen opgravingsvondsten van de geschiedenis van Carcassonne. Vanaf de weergang kijk je uit over de 52 torens van de vesting en over de daken, tuinen en straatjes van de Cité.

L
LIST

Toen **Karel de Grote** de vesting belegerde, deed de Moorse burchtvrouwe **Carcas** alsof ze in overvloed leefden. Het laatste varken werd vetgemest en over de muur naar beneden gegooid. De list slaagde, de belegeraars dropen ontmoedigd af. Uit vreugde liet Carcas de klokken luiden *(sonner)*. De buste van de burchtvrouwe is naast de Porte Narbonnaise te vinden.

Zou de valkenier van Trencavels tevreden zijn met zijn dubbelganger?

Een slot voor Sneeuwwitje en Doornroosje: Walt Disney gebruikte Carcassonne als voorbeeld voor zijn tekeningen. Sindsdien was de stad decor in talloze films.

► LEESVOER

De Engelse schrijfster Kate Mosse, die in de wijk Barbacane een vakantiehuis heeft, vond in haar uitzicht op de vesting inspiratie voor haar spannende middeleeuwse roman **Het verloren labyrint**.

Drukte en stilte

Vóór het Château Comtal wemelt het 's zomers van de toeristen. Rustiger is het in de omgeving van de **basilica St-Nazaire** 4. Terwijl het romaanse hoofdschip (11e eeuw) van de kerk in het halfduister ligt, worden het gotische koor en dwarsschip (13e-14e eeuw) gehuld in het kleurige licht dat door de prachtige ramen binnenvalt.

De **Porte St-Nazaire** 5 geeft toegang tot de Lices, de onbebouwde grond tussen de twee, in totaal 3 km lange muurringen. De **Lices Hautes** lopen van hier tot de **Porte Narbonnaise** 6, die met twee imposante torens de hoofdtoegang tot de Cité bewaak. Voorbij deze poort wandel je verder over de **Lices Basses** naar de Porte d'Aude. Onderweg krijg je een goed beeld van de ontwikkeling van de vestingarchitectuur sinds de tijd van de Romeinen.

Wie geen moeite met drukte heeft, stort zich in de mensenmassa's in de **Rue Cros Mayrevieille**, waar de souvenirwinkels klanten lokken met middeleeuwe religieuze voorwerpen en allerlei ridderaccessoires voor kinderen. Pas als de winkels gesloten zijn, kan het kasseienstraatje met de fraaie gevels zijn ware charme tentoonspreiden. Het is trouwens altijd aan te raden een bezoek aan de Cité te laten doorlopen tot in de avond, wanneer de meeste toeristen vertrokken zijn en de oude muren sfeervol verlicht worden.

INFO EN OPENINGSTIJDEN

Parkeren: betaald parkeren voor de Cité. In de zomer overvol!
Château Comtal/ Remparts 3**:** www.remparts-carcassonne.fr, dag. apr.-sept. 10-18.30, okt.-mrt. 9.30-17 uur, € 9, tot 25 jaar gratis, rondleiding van twee uur € 12,50
St-Nazaire 4**:** ma.-za. apr.-okt. 8-20, nov.-mrt. 9-18, zo. hele jaar 8-10.30, 12.30-18 uur

ETEN EN DRINKEN

Het tuinterras van **Bar à Vins** 3 (6, rue du Plô, in de zomer dag. 9-2 uur, in de winter di. gesloten, vanaf € 12) is perfect voor een pauze. Er zijn hartige hapjes, zoete wijnen en vaak livemuziek.

Uitneembare kaart: D 13/14 | **plattegrond** blz. 71

Canal du Midi

F–G 13

Sinds 24 mei 1681 verbindt het kanaal de Atlantische Oceaan met de Middellandse Zee. De aanleg van het kanaal duurde veertien jaar: het geheel omvatte een waterweg van 240 km lengte met jaagpaden, ruststations voor passagiers en paarden, 130 bruggen, 63 sluizen, 50 aquaducten en een tunnel. Het mooiste deel ligt tussen de grote kanaalhaven Homps en het oude postschipstation Le Somail – met de stenen boogbrug als geliefd fotomotief. Helaas zijn ook hier platanen langs de kanaaloever geveld waardoor er grote gaten in de ooit dichte bomenrij zitten. Het zal nog vele jaren duren voordat de nieuw aangeplante bomen een bladerdak boven het kanaal vormen.

Gele herberg

La Bastide Cabezac

Het voormalige poststation in Cabezac (G 13), enkele kilometers ten noorden van Le Somail, heeft een gezellig interieur, elegante kamers, goede keuken, een zwembad en een tuin te bieden en is daarmee ook geschikt voor een wat langer verblijf.

Hameau de Cabezac, Bize-Minervois, tel. 04 68 46 66 10, www.hotel-bastidecabezac.fr, 2 pk vanaf € 72, juli-sept. vanaf € 102; restaurant dag. open, menu 's middags € 18, 's avonds vanaf € 24

Terras aan het kanaal

Le Comptoir Nature

Met een hapje en een glaasje landwijn aan het kanaal zitten toekijken hoe de boten komen en gaan – dat is vakantie in de Midi zoals het hoort. 's Middags brengt een ijsje verkoeling. 's Zomers is er op woensdagavond jazz en op vrijdagavond gitaarmuziek en chansons.

1, chemin de Halage, Le Somail, tel. 04 68 46 01 61, comptoirnature.free.fr, eind mrt.-nov. dag. vanaf 12 uur, menu 's middags € 14,50, 's avonds vanaf € 17

Lezen langs het kanaal

La librairie ancienne du Somail

Een bezoek aan dit antiquariaat is een 'must' voor boekenliefhebbers. In een voormalige wijnkelder met houten boekenplanken tot aan het dak heeft de familie Gourgues ruim 50.000 boeken bij elkaar gebracht. Hier vind je alles – of kunnen ze het voor je bestellen.

28, allée de la Glacière, Le Somail, www.le-trouve-tout-du-livre.fr, wo.-ma. 10-12, 14.30-18.30, juli, aug. dag. open

In de oliemolen

L'Oulibo

Naast olijven, olijfolie en alles wat daarvan gemaakt kan worden, vind je in de winkel van de oliemolen van Cabezac (G 13) ook wijn, jam en honing. De ovalen, groene Lucques zijn de perfecte tafelolijf voor bij het aperitief, maar ze zijn ook het duurst. Er zijn ook rondleidingen met informatie over de verbouw van olijven en het verkrijgen van de olie.

Hameau de Cabezac, Bize-Minervois, www.odyssea.eu/oulibo/, juli, aug. 8-20, sept.-juni 8-12.30, 14-18.30, za. vanaf 9, zo. vanaf 10 uur

Kanaalimpressies

Mellow Vélos

Een reis in een kanaalboot over het Canal du Midi moet je reserveren en duurt minstens een week, maar een fietstochtje over de jaagpaden langs het kanaal kun je spontaan ondernemen. Vince en Sandra helpen je graag bij het plannen van een route, vertellen welke delen afgesloten zijn vanwege het kappen van bomen, en helpen ook bij het zoeken naar onderdak.

Paraza, Rte. Neuve, tel. 06 50 50 01 49, www.mellowvelos.com. eind mrt-half okt. vr.-wo. 8-18 uur, fietsverhuur, haal- en brengservice

Narbonne H 14

Trots verheft de kathedraal zich boven de daken van Narbonne en herinnert aan de vroegere glorie van het fraaie provinciestadje (48.000 inwoners). Vlak bij het oude machtscentrum van de bisschoppen stroomt het Canal de

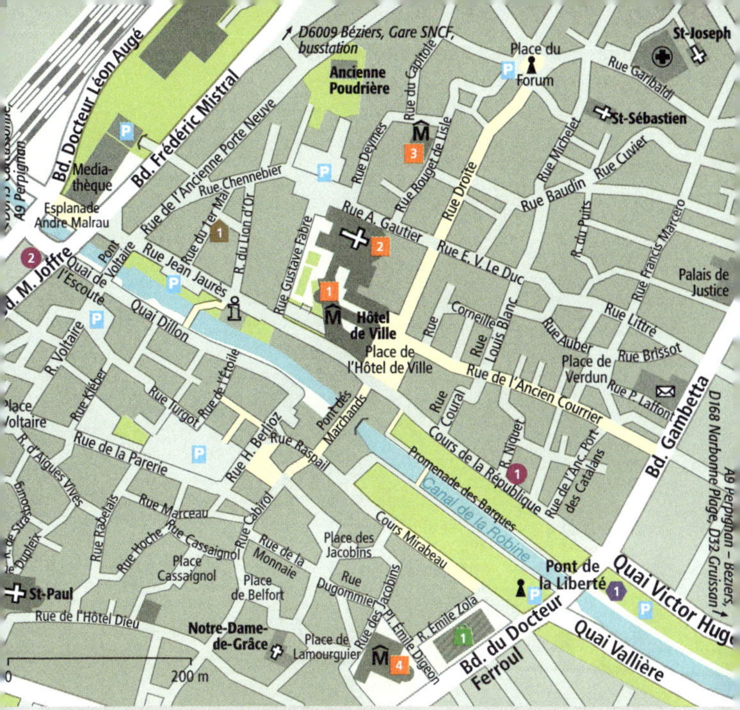

NARBONNE

Bezienswaardig
1 Palais des Archevêques
2 Cathédrale
3 Horreum
4 Musée lapidaire

Overnachten
1 Hôtel la Résidence

Eten en drinken
1 En Face
2 Le Petit Comptoir

Winkelen
1 Les Halles

Sport en activiteiten
1 Languedoc VTT Evasion

la Robine midden door het Centre Ville, voorzien van mooie oeverpromenades. Hier staan ook de bezienswaardige Halles, waar het op donderdag en zondag markt is.

De bisschopsstad

Het stadhuisplein wordt beheerst door het **Palais des Archevêques** 1. Het bestaat uit gebouwen uit diverse perioden: het romaanse **Palais Vieux** (12e eeuw), het **Palais Neuf** (16e/17e eeuw), de stoere **Tour de la Madeleine**, de **Tour St-Martial** (13e/14e eeuw), het **Hôtel de Ville** in neogotische stijl (19e eeuw) en de machtige **Donjon Gilles Aycelin** (13e eeuw). Je moet 162 treden beklimmen om de weergang op een hoogte van 42 m te bereiken, waar je heerlijk uitzicht hebt. In het oude en nieuwe paleis zijn de collecties van het

> **OPENINGSTIJDEN EN ENTREE**
>
> De **Pass Monumentale Narbonne** biedt toegang tot het bisschoppelijke paleis inclusief toren en musea, de schatkamer van de kathedraal, het Horreum en het Musée lapidaire (www.musees-narbonne.fr, juni-sept. dag. 10-18, okt.-mei wo.-ma. 10-12, 14-17 uur, € 10, met korting € 6).

Vanuit de kruisgang (14e eeuw) en de Jardin des Archevêques (18e eeuw) heb je fraai zicht op de constructie van de kathedraal.

Musée archéologique en Musée d'Art et d'Histoire ondergebracht.
Naast het bisschoppelijk paleis streeft het koor van de gotische **Cathédrale St-Just et St-Pasteur** 2 (dag. 9-12, 14-18 uur) hemelwaarts. Met een hoogte van 40 m is het een van de hoogste van Frankrijk. Na de voltooiing van het koor halverwege de 14e eeuw stokten de bouwwerkzaamheden. De door torens geflankeerde westgevel bleef provisorisch, het schip werd nooit gebouwd.

De Romeinse stad

Aan het glorierijke verleden als hoofdstad van de Romeinse *Provincia Gallia Narbonensis* kon Narbonne later geen vervolg geven. Met het verzanden van de antieke haven aan het Etang de Bages in de 14e eeuw begon het verval. Ook nu speelt de stad in het departement Aude tweede viool na Carcassonne. Het enige zichtbare restant van het Romeinse verleden is een stukje van de **Via Domitia** op de Place de l'Hôtel de Ville. Onder de stad echter hebben de archeologen het **Horreum** 3 (toegang: 7, rue Rouget de l'Isle) uit de 1e eeuw v.Chr. toegankelijk gemaakt: een stelsel van tunnels die als opslag en voorraadkamers werden gebruikt.
De gotische kerk **Notre-Dame-de-Lamourguier** (13e eeuw; pl. Lamourguier) kreeg in 1868 een herbestemming als **Musée lapidaire** 4. Men bracht er stenen uit de afgebroken stadsmuren onder. Het gaat om zo'n 1300 steenblokken, onder andere delen van Romeinse friezen en grafstenen met gebeitelde inscripties, die in de middeleeuwen bij de bouw van de stadsmuren waren gebruikt.
Narbonne wil deze verzameling samen met de collecties van het Musée archéologique, nu nog in het bisschoppelijk paleis, waaronder kwalitatief goede

fresco's en mozaïeken, en alle andere vondsten uit lokale opgravingen onderbrengen in een toekomstig **MuRéNa** (Musée Régional de la Narbonne Antique). Het museumgebouw wordt ontworpen door Norman Foster en zal aan het Canal de la Robine richting Gruissan verrijzen.

Stijlvol
Hôtel la Résidence 1

Dit 19e-eeuwse stadspaleis biedt een klassieke elegantie met marmeren trappen, hoge stucplafonds en uitgelezen antiek. Ondanks de centrale ligging zijn de 26 comfortabele kamers rustig.

6, rue du 1er Mai, tel. 04 68 32 19 41, www.hotel-laresidence-narbonne.fr, 2 pk € 85-165, garage € 9

Terras aan het kanaal
En Face 1

Het terras aan de kanaalpromenade is de troef van dit eenvoudige restaurant. Binnen staat een tiental tafeltjes met roodwit geblokte tafelkleedjes. De prijzen zijn redelijk en de bediening is vriendelijk.

27, cours de la République, tel. 04 68 75 16 17, di.avond en wo. gesloten, 's middags *formule* € 11,50, menu vanaf € 17,50

Ouderwetse bistrostijl
Le Petit Comptoir 2

Terecht is de 'kleine toog' al vele jaren een van de populairste adresjes van de stad. Hier staan versheid en kwaliteit voorop. Op de wijnkaart vind je driehonderd wijnen en je kunt er de mooiste *crus* van de streek proeven. Reserveren noodzakelijk!

4, bd. du Maréchal Joffre, tel. 04 68 42 30 35, www.petitcomptoir.com, zo., ma. gesloten, menu 's middags € 17/21, 's avonds € 28/38

Golfe Antique
Languedoc VTT Evasion 1

Vanuit het centrum kun je op de fiets langs het **Canal de la Robine** de stad uitgaan om tochtjes te ondernemen. In noordelijke richting gaat een tour door de wijngaarden tot aan de aftakking van het **Canal du Midi** bij Le Somail. In zuidelijke richting gaat het aanvankelijk ook door de wijngaarden en verder over een smalle dam tussen de etangs naar **Port-la-Nouvelle** aan zee. Onderweg kun je nog een kleine omweg maken naar het jachthaventje **La Nautique**, met een charmante bistro (www.lanautiquenarbonne.com).

Fitesverhuur: Pont de la Liberté (hoek quai Victor Hugo), tel. 06 74 89 75 98, www.languedocvttevasion.over-blog.com, dag. 10.30-18.30 uur, reserveren verstandig, breng- en haalservice mogelijk; ook tochten met gids

VERSE WAREN

Les Halles 1, de in 1901 in de stijl van Baltard als gietijzeren paviljoen gebouwde markthal is een van de mooiste van de Midi. Onder het majestueuze dak verkopen een tachtigtal handelaren dagelijks van 7 tot 13 uur hun waren: een ruime sortering aan fruit, groente, vlees, vis, kaas en wijn. Een echt winkelgenoegen à la française!

Info
OT: 31, rue Jean-Jaurès, 11100 Narbonne, tel. 04 68 65 15 60, www.narbonne-tourisme.com

Gare SNCF: Av. Carnot. Treinen naar Montpellier, Perpignan, Carcassonne

Gare routière: Bd. du Docteur-Léon-Auge, www.aude.fr

IN DE OMGEVING

Een plek van harmonie
Verstopt in het dal van de Corbières ligt de goed bewaard gebleven **Abbaye de Fontfroide** (🗺 G 14). In de middeleeuwen was deze cisterciënzerabdij (12e eeuw) een van de invloedrijkste kloosters van Zuid-Frankrijk en een van de belangrijkste bolwerken tegen ketterij. Er zijn informatieve rondleidingen. Bij de abdij, die sinds 1908 privébezit is, horen een *domaine* (met wijnverkoop) en het goede restaurant **La Table de Fontfroide.**

RD 613, 15 km ten zuiden van Narbonne, www.fontfroide.com, juli, aug. 9.30-13, apr.-juni, sept., okt. 10-18, nov.-mrt. 10-12.30, 13.30-17 uur, € 11,50, 6-18 jaar € 7 incl. flyer of tablet, rondleidingen € 13,50, met korting € 9

Gruissan H/J 14

In een spiraal omringen de huizen de rots met daarop de ruïne van de Tour Barberousse. In de Romeinse tijd bewaakte de burcht de toegang tot de haven van Narbonne. Om de toeristen te trekken heeft men in de jaren 70 bij het oude dorp een moderne badplaats met een jachthaven aangelegd. Opvallend is het groepje huizen op palen 'les pilotis' pal aan strand.

Rood als een kreeft

In de **Salin de Gruissan** zorgen licht en kleuren voor facinerende beelden die fotografen en schilders in verrukking brengen. Een kleine tentoonstelling toont de resultaten. Heb je enig idee waar de roodpaarse kleur vandaan komt? Daar is *Artemia salina* verantwoordelijk voor, een piepklein kreeftje dat in de zoutmeren gedijt. Hoe hoger de zoutconcentratie, hoe intenser zijn rode kleur wordt. Op vele andere vragen over de verbazingwekkende alchemie van zon, wind en zeewater krijg je antwoord bij een wandeling door de zoutpannen en in het Eco-musée. In de hoogzomer kun je toekijken bij de oogst van de delicate *fleur de sel* – de kaskraker van de Boutique du Saunier.

Salin de l'Île St-Martin, www.lesalindegruissan.fr, mrt.-mei dag.10.30-12.30, 14–minimaal 18, juni–begin nov. dag. 10.30–minimaal 18.30, begin nov.-dec. wo.-zo. 10.30-12.30, 14-17.30 uur

Aan de rand van de spiraal

La Maison de Gruissan

Het 19e-eeuwse herenhuis is met respect voor zijn historie gerenoveerd, zo bleven de kleurige tegelvloeren behouden. Zorgvuldig uitgekozen oude meubels geven de twee *chambres d'hôtes* en twee suites een persoonlijk accent. Er is ook een fraaie binnenplaats.

16, av. du général Azibert, tel. 06 58 55 89 44, www.chambre-hote-gruissan.fr, 2 pk vanaf € 65, familiesuite vanaf € 130, incl. ontbijt

GENIETEN IN DE SALIN

Tijdens het project om de Salin de Gruissan tot een ecomuseum om te vormen kwam men op het idee om in het ongebruikte bekken oesters uit het Etang de Thau een laatste, subtiele touch mee te geven en ze in de **Cambuse du Saunier** ter plekke meteen te verkopen. De eenvoudige strandtent heeft zich inmiddels tot een gastronomische hotspot ontwikkeld, waar niet alleen vis en oesters worden geserveerd. Zonder reservering kom je er niet in! (tel. 04 84 25 13 24, mei-sept. dag. voor lunch en diner geopend, mrt., apr., okt-half dec. meestal alleen 's middags open, kleine gerechten vanaf € 12)

Wandelen, fietsen, klimmen

Montagne de la Clape

Door het karstmassief lopen talrijke gemarkeerde wandel- en fietsroutes. Vanauit Gruissan loopt een pelgrimsweg omhoog naar de kapel van Notre-Dame-des-Auzils (▶ blz. 80). In het Office de Tourisme kun je kaarten en routebeschrijvingen krijgen. De klimtochten van **Gruissan Escalade** (www.antoinegastonescalade.com) zijn wat inspannender.

Info en evenementen

OT: 80, bd. du Pech Maynaud, 11430 Gruissan, tel. 04 68 49 09 00, www.gruissan-mediterranee.com

Fête des Pêcheurs: 29 juni, scheepsprocessie, zegening van de visnetten

IN DE OMGEVING

Op safari

Kleinere wegen leiden naar het **Etang de Bages et de Sigean** (H 14/15) en de schilderachtige vissersdorpen **Bages** en **Peyriac-de-Mer**. De grote toeristentrekker aan de lagune is het **Réserve Africain de Sigean**. Je rijdt er in je eigen auto door het safaripark en kunt leeuwen, zebra's, giraffen en andere dieren van dichtbij zien. Over een beveiligd pad kun je er ook te voet rondkijken.

19, chemin Hameau du Lac, Sigean, www.reserveafricainesigean.fr, apr.-aug. 8.30/9-18, mrt., sept. 9-17, okt.-feb. 9-16 uur, € 32, met korting € 22

Met uitzicht over de lagune

Le Portanel

Dit is een sfeervol adres om te genieten van de vangst uit het étang, zoals in het seizoen paling op diverse manieren bereid. Ook het vlees is heerlijk.

La Placette, Bages, tel. 04 68 42 81 66, www.leportanel.fr, zo.avond, ma. gesloten, *formule* € 17,50, menu € 21 (di.-vr.), € 31

Leucate H 16

Langs het 10 km lange strand van het Etang de Leucate liggen de apartementencomplexen en vakantiehuizen van Port-Leucate en Port-Barcarès. Aan de begindagen van het strandtoerisme vroeg in de 20e eeuw herinneren de plaatsjes La Franqui en Leucate-Plage aan weerszijden van de rotsige Cap Leucate. Het landinwaarts gelegen oude dorp Leucate leeft nog steeds van de oesterteelt en wijnbouw.

Ideaal voor een strandvakantie

La Côte Rêvée

Het geluid van golven is altijd te horen voor de gasten van dit kleine, eenvoudige hotel aan de voet van Cap Leucate, vooral als ze een kamer met zeezicht hebben. In het hoogseizoen wordt de idylle wat teniet gedaan, want dan mengen de klanken van de zee zich met het geroezemoes van het terras van het restaurant op de begane grond.

55, bld. du Front de Mer, Leucate-Plage, tel. 04 68 40 72 72, www.coterevee.com, 2 pk met zeezicht € 63-85, aan de rotskant € 53-75

In het oude dorp

Le Jardin des Filoche

In dit fraaie restaurent met tuin verwent Serge Filoche met geraffineerd uitgevoerde streekklassiekers zoals *raie*

Gruissan geldt als mekka voor windsurfers. Elk jaar doen eind mei meer dan duizend profs en amateurs mee aan de Défi Wind. Sommige deelnemers geven de voorkeur aan suppen.

10

Van wijnboeren en zeevaarders – **La Clape**

De Romeinen verbouwden al graag wijn in het karstmassief aan zee. Het overgrote deel van deze 'steenhoop', want dat is wat het Occitaanse woord 'clapas' betekent, wordt echter aan de natuur overgelaten. Hoog op een rotsplateau waakt de Notre-Dame-des-Auzils over het wel en wee van de zeelieden uit Gruissan.

De Montagne de la Clape, ooit een rotseiland dat pas in de 14e eeuw met het vasteland versmolt, is vanwege zijn unieke kenmerken sinds 1973 een beschermd natuurmonument *(site naturel classé)* en maakt sinds 2003 deel uit van het **Parc Naturel Régional de la Narbonnaise**. Hier schijnt de zon maar liefst 3000 uur per jaar. Dertien verschillende winden blazen over het massief en vegen de wolken weg. Het regent hier zelden, maar wel heftig.

▶ INFO

Het wijngebied van de Appellation La Clape, die voor 80% uit rode wijnen bestaat, ligt tussen Narbonne en de zee en beslaat 768 ha in zes gemeenten. Drie coöperaties en 27 wijnboeren stellen zich op de website www.la-clape.com voor.

Uitnodiging voor een dégustation

In dit extreme klimaat gedijt op de karstbodem een typisch mediterrane vegetatie: geurige kruiden en altijdgroene struiken, steeneiken, hulsteiken, Aleppodennen en parasoldennen. Tussen kloven en rotspartijen hebben de boeren kleine stukjes in cultuur gebracht en olijven en druiven aangeplant. Rond de veertig wijnboeren produceren op deze buitengewone terroir wijnen van grote naam. Borden wijzen de weg naar de *châteaux*. Over hobbelige, avontuurlijke weggetjes kun je bijna omhoog

Voor de ingang van de kapel een wachtpost, binnen de Madonna die zeelieden beschermt.

rijden naar de 214 m hoge **Pech Redon**, de top van La Clape. Steeds weer heb je interessante uitzichten op Narbonne of de glinsterende zee.

Oogbedriegers

Indrukwekkend is ook het uitzicht bij de in 1635 gestichte **Chapelle Notre-Dame-des-Auzils** 1. De kapel is vanaf de D 32 bereikbaar via de smalle *Route Verte* (volg de borden naar restaurant Les Souquet). Vanaf de parkeer- en picknickplaats onder de dennen loop je in een kwartiertje over de zogeheten 'Laan van de Verdronkenen' omhoog naar de kapel. Langs de route staan 27 gedenkstenen voor verdronken zeelieden uit Gruissan: een wat vreemde **Cimetière Marin**, want er ligt niemand echt begraven.

De kapel heeft wel wat van een scheepvaartmuseum vanwege de 27 scheepsmodellen en 73 schilderijen van schepen. Ze zijn aan de kapel geschonken als dank aan de Madonna voor een redding op zee. In 1967 werden zo'n vijftig votiefschilderijtjes gestolen, een misdaad die nooit is opgelost. De Gruissanais hadden gelukkig nog foto's van de gestolen werken, zodat ze als *trompe-l'oeil* direct op de kapelmuren konden worden nageschilderd. Je moet goed kijken om de 'vervalsingen' te herkennen. Op tweede paasdag en tweede pinksterdag is er een traditionele bedevaart naar de kapel.

'Om 13 uur liepen we de haven uit om de Duitse zeiler Fara Way uit een zware zee te halen, maar we kwamen zelf in moeilijkheden. Ik dacht dat mijn laatste uur had geslagen toen de golven over ons heen sloegen. Toen we weer boven kwamen, zag ik als eerste Notre-Dame-des-Auzils. De Madonna had ons gered.' Zo herinnerde kapitein Carbonel zich een dramatische reddingsactie in augustus 1992.

INFO EN OPENINGSTIJDEN

Verkenning La Clape: halve dag
Notre Dame des Auzils 1**:** wo.-zo. juni-half sept. 10-12.20, 15.30-19, Pasen-mei, half sept.-okt. 10-12.20, 14-17.30 uur
Uitrusting: stevige schoenen

ETEN EN DRINKEN

Je kunt het beste spullen voor een picknick meenemen. Van juni tot augustus kun je de dag heerlijk afsluiten in **Le Souquet's** 1 op het Domaine de la Pierre Droite (tel. 04 68 49 13 23, ook zo.middag, hoofdgerecht vanaf € 16).

Uitneembare kaart: H/J 14

au beurre noire (rog in gebruinde boter met een scheut wittewijnazijn). Omdat alles vers wordt bereid moet je soms wat geduld hebben.
64, av. Jean Jaurès, tel. 04 68 40 01 12, dec.-feb., gesloten, mrt., okt., nov. zo.avond en ma.-di. gesloten, menu vanaf € 29

Info en evenementen
OT: Espace Henry de Monfreid, 11370 Port-Leucate, tel. 04 68 40 91 31, www.tourisme-leucate.fr

IN DE OMGEVING

Verlaten vesting
Ferdinand van Aragón liet in 1497 het **Forteresse de Salses** (G 16) aan de noordgrens van zijn rijk bouwen. De geniaal ontworpen vesting is een uniek voorbeeld van de militaire architectuur van de moderne tijd. In 1691 werd het bolwerk, inmiddels in Franse handen, versterkt naar plannen van Vauban. Het fort had toen al aan militair belang ingeboet: sinds de Vrede van de Pyreneeën van 1659 verliep de grens tussen Spanje en Frankrijk verder naar het zuiden over de bergkammen.

V
VLUCHT

Het **Mémorial du Camp de Rivesaltes** (G 17) vlak bij Salses-le-Château herinnert op ontroerende wijze aan vluchten voor oorlog en vervolging door afkomst, geloof of overtuiging. In 1938 diende het als doorgangskamp voor mensen die de Spaanse Burgeroorlog waren ontvlucht. In het Vichytijdperk wachtten Joden, zigeuners en communisten er op deportatie, en aan het einde van de oorlog werden er Duitse soldaten geïnterneerd. Na de Algerijnse Oorlog zaten 21.000 Harkis tijdelijk in het kamp (www.memorialcamprivesaltes.eu).

Salses-le-Château, www.forteresse-salses.fr, apr.-sept. dag. 10-18.30, okt.-mrt. 10-12.45, 14-17.15 uur, laatste rondleiding 1.15 uur voor sluitingstijd, € 8, tot 18 jaar gratis

Lagrasse F 14

Dit pittoreske dorp aan de Orbieu was in de middeleeuwen de belangrijkste handelsplaats van Corbières. Uit die periode stammen de restanten van de vestingwerken en de open markthal. Maar de plaatselijke abdij is de grootste bezienswaardigheid.

Gedeeld sinds de Franse Revolutie
De middeleeuwse **Pont Vieux** over de Orbieu verbindt het dorp met de in 779 gestichte benedictijnenabdij **Ste-Marie-d'Orbieu**, een van de oudste en machtigste kloosters van Languedoc. De gebouwen rond de **Logis Abbatial** zijn in overheidsbezit. De gotische **abdijkerk** met de zware klokkentoren en de kloostergang uit 1760 zijn overgenomen door een religieuze orde, de Chanoines. Je kunt een bezoek aan de abdij afsluiten op het terras van het **Café littéraire** (half juni-half sept. dag. vanaf 11 uur).
Logis Abbatial: www.abbayedelagrasse.com, dag. half juni–half sept. 10-19, apr-half juni, half sept.-okt. 10-18, nov.-mrt. 10-17 uur, € 4; kerk: www.chanoines-lagrasse.com, apr-half nov. vr.-wo. 15.15-17.25 uur, okt.-mei alleen za., zo. open, € 4

Ongestoorde rust
Hostellerie des Corbières
Zes zonnige kamers met plankenvloer en leuke meubels – maar zonder franje, net als de regionale keuken. Het terras met uitzicht op de wijngaarden is een droom. De jonge eigenaars zorgen op charmante wijze voor hun gasten.
9, bd. de la Promenade, tel. 04 68 43 15 22, www.hostellerie-des-corbieres.com, 2 pk € 70-95, wo.avond, do. gesloten, menu 's middags € 19, 's avonds vanaf € 31

Info
OT: 16, rue Paul Vergnes, 11220 Lagrasse, tel. 04 68 43 11 56, www.lagrasse.com

De Moulin d'Omer in Cucugnan is niet alleen gerestaureerd om als blikvanger te dienen: hier wordt nog met windkracht graan – vooral oude soorten – gemalen. De Maîtres de Mon Moulin maken met het meel kostelijk brood en gebak.

IN DE OMGEVING

Wijn en kastelen

Vanaf Lagrasse loopt de **Route20 Corbières** (www.20decorbieres.com) door het ruige heuvellandschap van de uitlopers van de Pyreneeën. Tussen de grillige karstheuvels liggen de wijngaarden van de appellationwijnen. Kasteelfeesten herinneren aan de kruistochten tegen de katharen. In 1321 kwam er officieel een einde aan dat tijdperk toen Guilhem Bélibaste in het **Château de Villerouge Termenès** (📖 F 15; www.audecathare.fr) op de brandstapel werd gezet. Het trotse kasteel met vier hoektorens staat in het centrum van een middeleeuws dorpje. Andere kastelen zijn echter indrukwekkender, zoals de op duizelingwekkend steile rotsen gebouwde **Châteaux de Quéribus** en **Peyrepertuse** aan de zuidrand van Corbières. Het dorpje **Cucugnan** (📖 F 16) ligt strategisch voor een bezoek (▸ blz. 84).

In een ver verleden

Op zoek naar de oudste bewoners van Corbières onderzochten archeologen in de jaren zeventig van de vorige eeuw de **Caune de l'Arago**. Tien jaar hadden de onderzoekers nodig om uit de schedel- en botresten de Tautavelmens te reconstrueren – met zijn 450.000 jaar nog niet de oudste vondst in Europa. Die vond in 2014/2015 plaats met de sensationele ontdekking van ca. 560.000 jaar oude menselijke tanden. Een reis de grot in naar onze verre voorouders is mogelijk in het **Musée de Préhistoire de Tautavel** (📖 F 17).

Av. Léon-Jean Grégory, www.450000ans.com, dag. half juli-aug. 10-19, sept-half juni 10-12.30, 14-18 uur, € 8, 7-14 jaar € 4

Sluiproute naar Roussillon

Zo'n 20 km ten westen van Cucugnan heeft de Agly door de rand van Corbières een smalle passage naar het zuiden gemaakt. De D7 die door de ruige **Gorges de Galamus** (📖 E 16) loopt, is nauwelijks 2 m breed en slingert zich onder vervaarlijk overhellende rotswanden langs de afgrond. Campers komen er niet door. Diep in de kloof ligt de **Ermitage St-Antoine-de-Galamus**, vanaf de parkeerplaats aan het einde kun je er in een kwartier naartoe lopen.

11

Arendsnesten van steen – **Châteaux cathares**

De kasteelruïnes in Corbières houden de herinnering aan de katharen levend. In de moeilijk toegankelijke vestingen hadden deze christenen met hun eigen versie van het geloof een toevlucht gezocht tegen de vervolging door de koning en de paus. Wie de kastelen bezoekt, begrijpt hoe uitzichtloos hun situatie was.

Na de overwinning van de kruisvaarders en het Verdrag van Corbeil (1258) liet Lodewijk IX de kastelen van Quéribus, Aguilar, Peyrepertuse, Puilaurens en Termes als verdedigingslinie langs de zuidgrens van zijn rijk versterken. Pas met de Vrede van de Pyreneeën van 1659 verloren de zogenaamde 'Vijf zonen van Carcassonne' hun strategische belang.

Hoe zou het dagelijkse leven van de katharen er tijdens de belegering door de kruisvaarders hebben uitgezien? Welke verhalen kunnen de muren van Peyrepertuse vertellen? De 'zuiveren' zelf hebben geen sporen achtergelaten. De enige historische bronnen zijn de protocollen van de inquisitie.

Op duizelingwekkende hoogte

Van **Cucugnan** loopt de weg omhoog naar de pas **Grau de Maury**, die bewaakt wordt door het **Château de Quéribus** 1. Als een arendsnest troont de kasteelruïne op een hoogte van 729 m op een door de wind gegeselde rots. De klim naar de massieve, veelhoekige kasteeltoren duurt slechts tien minuten, maar is inspannend. De beloning is een uniek uitzicht over de vlakte van Roussillon en de heuvels van Fenouillèdes, waarboven de Pic du Canigou zijn markante hoofd verheft. Na de inname van het kasteel van Montségur (1244) was Quéribus het laatste toevluchtsoord van de katharen. In 1255 werd de vesting na een korte belegering zonder verdere strijd aan de troepen van Lodewijk IX overgegeven.

Verdediging op twee niveaus

Enkele kilometers ten westen van Cucugnan kunnen scherpe ogen op een berggraat op een hoogte van 780 m het kloeke silhouet ontdekken van het **Château de Peyrepertuse** 2. De ruïnes die op twee niveaus verspreid liggen, zijn nauwelijks van de rotsen te onderscheiden. Vanaf het parkeerterrein aan het einde van een smalle bergweg bereik je met

Didier Trocquemé begeleidt de dapperen bij adembenemende tandemvluchten met een paraglider rond Peyrepertuse of Quéribus.

een inspannende wandeling over een bospad in 20 minuten de benedenburcht uit de 11e-12e eeuw. Deze burcht is nooit echt op de proef gesteld omdat de kasteelheer zich in 1240 zonder strijd aan de Franse kroon onderwierp. In de jaren daarna is ook het hogere rotsplateau versterkt. Via een duizelig makende, in de rots uitgehakte trap ga je omhoog naar het later gebouwde **Château Sant-Jordi.** Peyrepertuse werd tijdens de Franse Revolutie verwoest door de bewoners van omliggende dorpen, die de stenen als bouwmateriaal benutten. In juli en augustus geven valkeniers demonstraties bij de kasteelruïne. Half augustus reis je bij het grote middeleeuwse feest terug naar de riddertijd.

INFO EN OPENINGSTIJDEN

Duur: 1/2-1 dag
Quéribus 1**:** Cucugnan, www.cucugnan.fr, juli/aug. 9-20, mei, juni, sept. 9.30-19, apr., okt. 10-18.30, nov.-mrt. 10-17/17.30 uur, € 6,50, 6-15 jaar € 3,50
Peyrepertuse: 2 Duilhac-sous-Peyrepertuse, www.chateau-peyrepertuse.com, juli, aug. 9-20, apr.-juni, sept. 9/9.30-19, mrt., okt. 10-18, nov.-feb. 10-16.30 uur, € 6,50, 6-15 jaar € 3,50
Let op: bij harde wind gaan de kastelen dicht. Als het geregend heeft kunnen de paden glibberig zijn. Draag bij voorkeur wandelschoenen!
Paragliding: tel. 06 76 75 18 91, www.parapentebiplace.fr, dag.op afspraak, vanaf € 75

ETEN EN DRINKEN

De **Auberge du Vigneron** 1 is perfect voor een stop of overnachting. Met fraai panoramaterras! (2, rue Achille-Mir, Cucugnan, tel. 04 68 45 03 00, www.auberge-vigneron.com, ma. gesloten, menu vanaf € 22, 2 pk vanaf € 90)

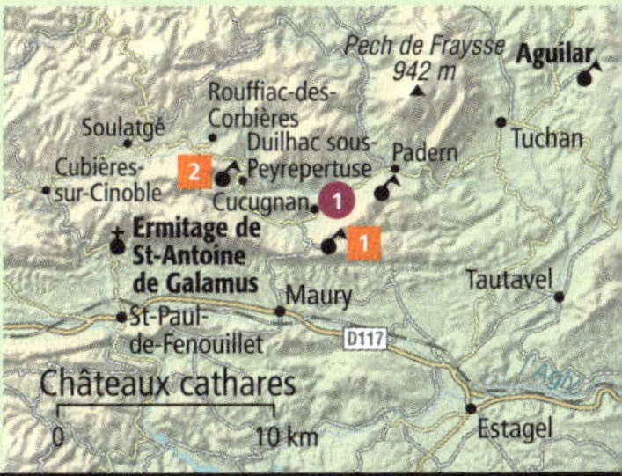

Uitneembare kaart: E 16

Perpignan en Pyrénées Orientales

Het Catalaanse verleden bepaalt het temperament van Perpignan, de warmste stad van Frankrijk. Op slechts een steenworp afstand liggen de koele bergdalen van de Pyreneeën. Hier getuigen de kloosters bij de Canigou van een vroege bloei van der romaanse bouwkunst (op de foto de narthex van de Prieuré de Serrabone), en de vestingen in Villefranche-de-Conflent en Mont-Louis van nieuwe inzichten in militaire architectuur. Ten zuiden van Perpignan eindigt de zandkust van Occitanië bij Collioure bij de grandioze rotspartijen van de Côte Vermeille.

Perpignan G 17/18

'Fidelissima Vila (trouwe stad) de Perpinyà' noemt Perpignan (116.000 inwoners) zich trots in het Catalaans en verwijst daarmee naar het taaie verzet van de stad tegen de Franse annexatie in 1659. Vooral in de door boulevards omgeven oude stad toont Perpignan zijn Catalaanse kant. Overdag heeft men altijd tijd voor een babbeltje of een kopje espresso in een café, en de avonden zijn lang. Met ambitieuze nieuwbouw, zoals het Théâtre de l'Archipel van de beroemde architect Jean Nouvel, presenteert Perpignan zich bovendien als een moderne, Europese cultuurstad.

S
SANCH

Goede Vrijdag, klokslag 15 uur, kondigen belgerinkel en korte, gedempte tromroffels het begin aan van de **Procession de la Sanch**. In de straten van Perpignan keren de middeleeuwen gedurende drie uur terug. Aangevoerd door de *régidor* met de ijzeren bel beweegt de stoet in plechtige pas en onder het zingen van Catalaanse kerkliederen *(goigs)* zich van de **kerk van St-Jacques** 7 in de richting van de kathedraal. De vrouwen dragen zwart, terwijl mannen in de angstaanjagende zwarte of scharlakenrode *caperutxa* zijn gehuld, een pij tot op de grond en een kap met een spitse punt. Er worden talrijke loodzware *misteris* meegedragen, levensgrote beelden die taferelen uit de lijdensweg van Christus tonen. Voor gelovige katholieken is de Sanch, die zijn oorsprong in de 15e eeuw heeft, een uitdrukking van diep geloof, voor critici is het vooral een toeristisch spektakel.

Hoge kunst

Sinds 2017 glanst het **Musée d'Art Hycinthe-Rigaud** 1 in nieuwe pracht. Je krijgt er een overzicht van de geschiedenis van de kunst in Perpignan van de gotiek via de barok tot de moderne tijd en het heden. Een bezoek is een mooie aanvulling op een wandeling door de stad (▶ blz. 90).

21, rue Mailly, www.musee-rigaud.fr, juni-sept. dag. 10.30-19, okt.-mei di.-zo. 11-17.30 uur, € 10, tot 18 jaar toegang gratis

OVERNACHTEN, ETEN, SHOPPEN

Oud huis, nieuw interieur

Hôtel de la Loge 1

Dit hotel in een huis uit de 16e eeuw is ideaal voor wie van uitgaan houdt, want het staat in een steegje in de oude weverswijk midden in het centrum. De 22 comfortabele kamers zijn desalniettemin rustig, maar hebben geen mooi uitzicht.

1, rue des Fabriques d'en Nabot, tel. 04 68 34 41 02, www.hoteldelaloge.fr, 2 pk vanaf € 69

Design voor een laag budget

Nyx Hôtel 2

Halverwege Castillet en het station trekt dit kleine hotel vooral een jong publiek. Decor en kleuren van de zeventien kamers, waarvan sommige met balkon, verwijzen naar dag of nacht, zon of maan.

62bis, av. Général de Gaulle, tel. 04 68 34 87 48, www.nyxhotel.fr, 2 pk vanaf € 62

Met veel flair

Casa Sansa 1

De smalle, met talrijke schilderijen en scheepsmodellen gedecoreerde ruimte zit vaak bomvol. De gasten zitten gezellig dicht op elkaar en genieten van de klassieke Catalaanse keuken. Wie van vis houdt, moet beslist de *aïoli de morue* proeven: filet van stokvis met een huisgemaakte knoflookmayonaise en geblancheerde groenten. Vergeet niet een gaatje over te laten voor een *crème catalan* als dessert!

2, rue Fabrique d'en Nadal, tel. 04 68 50 48 01, zo., ma. gesloten, menu vanaf € 19

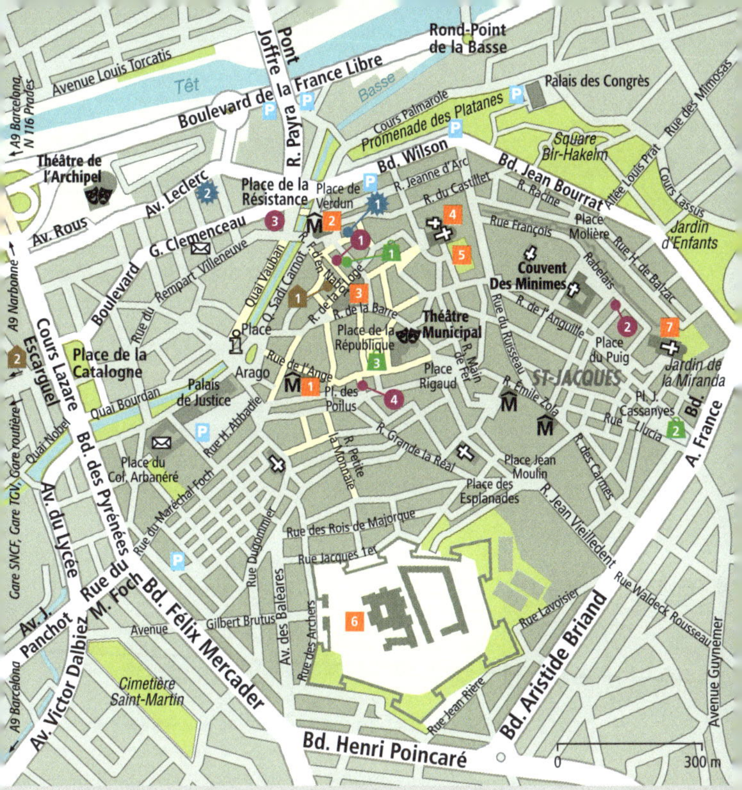

PERPIGNAN

Bezienswaardig

1. Musée H. Rigaud
2. Le Castillet
3. Loge de Mer
4. Cathédrale St-Jean
5. Campo Santo
6. Palais des Rois de Majorque
7. St-Jacques

Overnachten

1. Hôtel de la Loge
2. Nyx Hôtel

Eten en drinken

1. Casa Sansa
2. Le Sud
3. La Terrasse
4. Rue Paratilla

Winkelen

1. Gil & Jean
2. Marché Cassanyes
3. Marché République

Uitgaan

1. Rue Grande des Fabriqués
2. Av. du Gén.-Leclerc

Tuinrestaurant

Le Sud ②

Dit restaurant ligt weliswaar aan de rand van de probleemwijk St-Jacques aan de oostkant van het centrum, maar ondervindt daar geen hinder van. De sfeer op de patio met zijn planten doet aan Andalusië denken, de menukaart nodigt uit voor een reis langs de landen rond de Middellandse Zee.

12, rue Louis-Bausil, tel. 04 68 34 55 71, www.restaurantlesud.fr, apr.-nov. di.-za., vanaf € 19

Heerlijk uitzicht

La Terrasse ③

Op het dak van warenhuis **Galeries Lafayette** kun je met fraai uitzicht over Perpignan bijvoorbeeld ontbijten.

1, pl. de la Résistance, tel. 04 68 35 26 91, ma.-vr. 9.30-19.15 uur, gerechtjes rond € 7

12

Frankrijks Catalaanse hoek – **Perpignan**

Ook ruim 350 jaar na de Vrede van de Pyreneeën voelen de Perpignanais zich in de eerste plaats Catalaans. Aan deze kant van de Pyreneeën is dat echter geen reden – in ieder geval tot nog toe – om de onafhankelijkheid uit te roepen. De temperamentvolle ziel van Perpinyà leer je kennen als je door de straatjes van de oude stad zwerft. De kathedraal en het paleis hoog boven de stad zijn stenen getuigen van Perpignans glorierijke periode als hoofdstad van het koninkrijk Mallorca.

Om de hoek van de Place de la République vind je in de Rue Paratilla de sfeer van een bazaar. Hier kun je bij Aux Bonnes Olives of Maison du Jambon een broodje of een ander hapje halen, maar je kunt ook neerstrijken in Bistro Henri & Cie voor een 'plat du jour', als je er tenminste in slaagt een plaatsje te bemachtigen.

Op **Le Castillet** 2, het symbool van Perpignan, wappert de vlag van Catalonië in de kleuren bloed en goud – *sang et or*. De vestingachtige stadspoort werd in 1368 opgetrokken om het bezit van het huis van Aragón te beschermen tegen aanvallen van de Franse kroon. De buitenmuur van rode baksteen is typerend voor de Catalaanse architectuur. De zware houten deuren met stevige grendels herinneren eraan dat na de Vrede van Pyreneeën in 1659 de staatsvijanden van Frankrijk in het Castillet werden opgesloten. Vanaf de toren (142 treden) heb je een mooi uitzicht over de stad en omgeving, met het silhouet van de Canigou aan de horizon. Hier ontsteken de Catalanen elk jaar het johannesvuur met een vlam die de rest van het jaar in het Castillet brandende wordt gehouden.

In de wirwar van straatjes

Onder het Castillet door voert de stroom passanten je automatisch mee naar de **Place de la Loge**, het historische hart van de stad. Hier vind je de laatgotische gevel in flamboyante stijl van de **Loge de Mer** 3 (1397), waar in de middeleeuwen de beurs en het maritiem gerechtshof gevestigd waren, en het **Hôtel de Ville** (13e eeuw, 16e/17e eeuw). Op het smalle plein heerste een levendige drukte, iedereen wil een plekje op een van de terrassen hebben. Op zomeravonden dansen inwoners van Perpignan de *sardane* – meedoen mag!

In het **Quartier de la Loge** oefenden in de middeleeuwen de stoffenveredelaars, die de grondslag legden voor de rijkdom van Perpignan, hun beroep uit. In 1330 telde de beroepsgroep vierhonderd mensen. Nu zitten er tussen Loge en Castillet veel restaurants waar je kunt lunchen en dineren. Net als hun buren in het zuiden gaan de Perpignanais 's avonds niet voor 20 uur eten. Daarna is het zeker nog niet te laat voor een drankje in een bar, bijvoorbeeld in de Habana Bodeguita of Le Zinc in de **Rue Grande des Fabriqués 1.**

De smeedijzeren weervaan in de vorm van een schip herinnert aan de kooplieden van de stad die in de Loge de Mer bijeenkwamen en door de zeehandel in stoffen en ijzer rijk werden.

Mediterrane baksteengotiek

Vanaf de Place de la Loge is het maar een kort stukje lopen via de **Rue St-Jean** naar de **Cathédrale St-Jean** 4. Naast de sobere gevel van baksteen staat – zoals wel meer in Roussillon – een klokkentoren met een elegante smeedijzeren klokkenkamer. Koning Sancho van Mallorca legde in 1324 de eerste steen voor de kerk, die pas in 1509 werd gewijd doordat de pest en oorlogen de bouw vertraagden. De kerk heeft een veel bescheidener omvang dan oorspronkelijk bedoeld was, maar het eenbeukige bouwwerk is wel een van de mooiste voorbeelden van de Zuid-Franse gotiek.

Rechts naast de kerk werd vanaf 1300 een grote kloostergang gebouwd, de **Campo Santo** 5, waar in de zuilengangen de graven van de rijke families van Perpignan zijn te vinden. 's Zomers vormt deze voormalige begraafplaats een sfeervolle entourage voor diverse openluchtevenementen.

Boven de oude stad

Op een heuvel aan de zuidkant van de oude binnenstad troont het **Palais des Rois de Majorque** 6. Na zijn troonsbestijging in 1276 koos Jacobus II van Mallorca Perpignan uit als residentie op het vasteland en gaf opdracht voor de bouw van een paleis. In de 16e eeuw liet de Spaanse heerser Philips II het koninklijk paleis omringen met een grote stervormige citadel, waar na de Vrede van de Pyreneeën in 1659 Franse troepen werden gelegerd. Na vijf eeuwen van militair gebruik staat het koninklijk paleis met het omliggende complex nu in dienst van de cultuur.

CULTUUR & ETEN

Wandeling: ca. 6 uur, inclusief lunch

Le Castillet 2**:** pl. de Verdun, juni-sept. dag. 10.30-18, okt.-mei di.-zo. 11-17.30 uur, € 9, tot 18 jaar gratis

Cathédrale St-Jean 4**:** juni-sept. ma.-za. 8-19, zo. 11-18.30, okt.-apr. tot 18 resp.17.30 uur

Campo Santo 5**:** juni, juli, sept. dag. 10.30-18.30, okt.-mei di.-zo. 11-17.30 uur

Palais des Rois de Majorque 6**:** rue des Archers, dag. juni-sept. 10-18, okt.-mei 9-17 uur, € 4

Rue Paratilla 4**:** allerlei delicatessen

Uitneembare kaart: G 17/18 | **plattegrond** blz. 89

Het fotofestival Visa pour l'Image toont niet alleen opmerkelijke foto's die de wereldgeschiedenis documenteren, maar geeft de bezoeker ook de mogelijkheid een kijkje in bijzondere locaties te nemen, zoals het Couvent des Minimes.

Souvenirs in 'sang et or'

Sinde de 17e eeuw bestaat in Roussillon een traditie in het maken van sieraden met granaat. De in goud *(or)* gevatte bloedrode (*sang* = bloed) stenen hebben voor Catalanen een grote symbolische kracht. Fraaie voorbeelden vind je onder andere bij **Gil & Jean** 1 (5, rue Louis Blanc).

De markten van Perpignan

Het **Quartier St-Jacques**, waar overwegend zigeuners – hun voorouders vestigden zich hier vanaf de 14e eeuw – en Arabieren wonen, staat bekend als een probleemwijk. Maar het bonte spektakel en het veelzijdige aanbod van koopwaar op de **Marché Cassanyes** 2 (dag. 7.30-13.30 uur) trekt bezoekers uit alle delen van de stad en uit alle lagen van de bevolking. Op de kleine **Marché de la République** 3 (di.-zo. 7.30-13.30 uur) in het centrum van de oude binnenstad verkoopt men op de eerste plaats levensmiddelen, zaterdag aangevuld met biologische producten. De populairste tent – van koffie in de ochtend tot een aperitief eind middag – is het **Républic' Café**, kortweg Rép' genoemd.

Hotspots voor de nacht

De **Rue Grande des Fabriqués** 1. Aan de **Avenue du Général-Leclerc** 2 zitten tegenover het Théâtre de l'Archipel ook enkele muziekclubs.

Stranden

De favoriete badplaats van de Perpignanais is het op slechts 10 km gelegen **Canet-Plage** (H 17/18), een verspreid gebouwde nederzetting met flats langs het 7 km lange strand en een jachthaven. Zuidelijk daarvan ligt **St-Cyprien-Plage** (H 18) met 6 km strand en eveneens een grote jachthaven. Tussen de twee plaatsjes ligt het **Etang de Canet**, waar je bij helder weer de Canigou kunt zien.

Info en evenementen

OT: Pl. François Arago, in het Palmarium, 66000 Perpignan, tel. 04 68 66 30 30, www.perpignantourisme.com

Aéroport de Perpignan Rivesaltes: 6 km noordelijk, www.aeroport-perpignan.com. Bussen naar het centrum.

Gare SNCF/TGV: Bd. du Conflent. Het oude station van Perpignan – voor Salvador Dalí de 'Navel van de wereld' – heeft een hypermoderne pendant

waar de TGV's naar Parijs en Barcelona vertrekken. Treinen naar Collioure/Portbou en Villefranche-de-Conflent.
Gare routière: Bd. St-Assiscle, tegenover het station
Parkeren: parkeergarages aan de boulevards rond het centrum
Procession de La Sanch: ▸ blz. 88
Sant Joan – Festa Major: eind juni, meerdaags stadsfeest met het aansteken van het johannesvuur op 23 juni
Les Estivales de l'Archipel: eind juni/begin juli, www.lesestivalesdelarchipel.org. Festival met theater, dans, concerten.
Les Jeudis de Perpignan: juli, aug., iedere donderdagavond in de oude stad, straattheater, concerten, dans
Visa pour l'Image: begin sept., www.visapourlimage.com

In de omgeving

In de fruittuin van Roussillon

Tussen wijngaarden en boomgaarden ligt **Thuir** (🕮 F/G 18), de hoofdstad van **Aspres**. Hier zit de fabrikant van een bekend aperitief, de **Caves Byrrh** (6, bd. Viole, www.byrrh.com, rondleidingen van 45 minuten, juli, aug. dag. 10-11.30, 14-18.30, apr.-juni, sept., okt dag. 9.30-11.30, 14.30-17.30, nov.-mrt. di.-zo. 10.45, 14.30, 16 uur, € 4,50, 12-18 jaar € 2). Het enorme eikenhouten vat heeft een inhoud van een miljoen liter. Iets verder ligt het fraaie dorp **Castelnou** (🕮 F 18) tegen een berghelling, gedomineerd door een duizend jaar oud kasteel. De D 48/D 2 slingert zich verder door een droog heuvellandschap omlaag naar **Ille-sur-Têt** (🕮 F 18), dat beroemd is om zijn perziken. Hier bezit het **Hospice d'Ille** (10, rue de l'Hôpital, juli, aug. ma.-za. 10-13, dag. 14-18, juni, sept. ma., di., do., vr. 10-12, do.-di. 14-18, okt.-feb. ma., di., do., vr. 14-18 uur, € 4) kostbare romaanse en barokke kunstwerken uit Roussillon. Op de linkeroever van de Têt vindt bij de bizar geërodeerde zandsteenrots **Orgues** een licht- en schaduwshow plaats (dag. apr-half okt. 9.30-19/20, 2e helft okt., feb., mrt. 10-18, nov.-jan. 14-17.30 uur, € 5, 10-13 jaar € 3,50).

Roussillonthriller

Het jonge stel Phillip en Margo trekt door de mooie en vredig ogende Roussillion, maar schijn bedriegt. De streek kent een bloedige geschiedenis, vol onopgeloste mysteries. Het paar ontrafelt een eeuwenoud raadsel en doet een schokkende vondst. Ze ontdekken het bestaan van een krachtige, mystieke talisman. Nu zijn internationale terroristen ernaar op zoek. Het tweetal raakt verstrikt in een web van intriges dat terugvoert naar de Tweede Wereldoorlog en zelfs het begin van onze jaartelling. De explosieve ontknoping vindt plaats bij de mysterieuze lichtberg Bugarach.
Het mysterie van Bugarach van David Scherpenhuizen.

Conflent 🕮 C–E 18/19

De streek aan weerszijden van de bovenloop van de Têt wordt gedomineerd door het Massif du Madrès en de majestueuze Canigou. Rond het jaar 1000 werden in dit woeste berggebied vol kloven kloosters in een nieuwe, invloedrijke bouwstijl opgetrokken. Twee imposante vestingen markeren sinds het midden van de 17e eeuw de nieuwe zuidgrens van Frankrijk.

Architectuurgids

Een van de mooiste dorpen van de Conflent – en zelfs van heel Frankrijk – is **Eus** (🕮 E 18), dat op de linkeroever van de Têt troont. Je hebt er mooi uitzicht op de **Canigou** en op **Prades** (🕮 E 18; 6000 inwoners), de hoofdplaats van de Conflent. De kerk van Prades, **St-Pierre** (17e eeuw), bezit een imposante romaanse klokkentoren. Binnen kun je een van de grootste barokaltaren van Frankrijk bewonderen.
Even buiten Prades staat de **Abbaye St-Michel-de-Cuxa** (▸ blz. 94), gebouwd

13

Vroegromaanse juweeltjes – **kloosters rond de Canigou**

Aan de voet van de Canigou zijn drie unieke kloosters te vinden. Ondanks de afgelegen locatie groeiden ze uit tot centra waar men bouwkundige ideeën en vaardigheden kon leren kennen en uitwisselen. Zo flirtte hun architectuur met invloeden uit de Arabische, Visigotische en Italiaanse wereld.

Omstreeks het jaar 1000 ontstonden in Roussillon talloze religieuze bouwwerken in romaanse stijl, met de rondboog als kenmerkend element. Tegenover de heldere lijnen en de strenge regelmaat van de architectuur staat de fantasierijke weelderigheid van het beeldhouwwerk, dat de gelovigen op aanschouwelijke wijze bekend moest maken met de inhoud van de Bijbel.

De schitterende ligging van St-Martin-de-Canigou kun je het beste in je opnemen vanaf het Point de Vue (met borden aangegeven). Je hebt hier fraai uitzicht op de zuidkant van het klooster met de kleine kruidentuin aan de voet. Neem een verrekijker mee!

Romantische ligging

Op een rots aan de noordkant van de Canigou liet Guifred de Cerdagne in 1007 de **Abbaye St-Martin-du-Canigou** 1 bouwen. Hier ontstond voor het eerst in Roussillon een religieus bouwwerk met een stenen gewelf en een klokkentoren naar Lombardisch voorbeeld met tweelingvensters en kantelen. Vanaf het gehucht **Casteil** loop je over een geasfalteerd voetpad in 45 minuten deels door een schaduwrijk loofbos naar het klooster op een hoogte van 1055 m, dat met een rondleiding kan worden bezichtigd.

Hemelsbreed nog geen 10 km van de St-Martin rijst in het dal de vier verdiepingen tellende Lombardische klokkentoren op van de in 878 gestichte **Abbaye St-Michel-de-Cuxa** 2. De machtige abt Oliba, een broer van Guifred, begon in 1008 met een ingrijpende verbouwing van de abdij. De kruisgang van begin 12e eeuw werd architectonisch erg invloedrijk. De marmeren zuilen en rijk versierde kapitelen werden begin 20e eeuw aan een Amerikaan verkocht. De zuid- en westvleugel konden later gereconstrueerd worden.

In het geheimzinnige halfdonker van de kerk van Serrabone dragen twaalf zuilen met bogen het doksaal. De kapitelen en de voorkant zijn fraai versierd met leeuwen, griffioenen, demonische figuren en gevleugelde fabeldieren – boodschappers uit hemel en hel.

De Bijbel in steen gehouwen

Cuxa is zoals het nu is sowieso het resultaat van een uitgebreide restauratie. Na de Franse Revolutie was het klooster niet veel meer dan een ruïne. Ook het schitterende doksaal ging onherroepelijk verloren. Gelukkig bestond er nog een vrijwel identiek exemplaar in de **Prieuré de Serrabone** 3. Deze uit donkere schist opgetrokken priorijkerk (11e eeuw), die in een eenzaam dal in de Aspres verborgen ligt, verraadt van buiten niet dat er binnen een juweel te bewonderen valt.

INFO EN OPENINGSTIJDEN

Bezoek alle drie de kloosters: 1 dag
St-Martin-du-Canigou 1: Casteil, www.stmartinducanigou.org, rondleidingen juni-sept. dag. 10, 11, 12, 14, 15, 16, 17, okt.-dec., feb.-mei di.-zo. 10, 11, 14, 15, 16, zo. 10, 12.30, 14, 15, 16 (17) uur, € 6, tot 12 jaar gratis. Wie slecht ter been is, kan zich met een 4x4-taxi vanaf Vernet of Casteil naar de abdij laten brengen, tel. 06 50 33 95 79. Wandelaars kunnen een bezoek combineren met een tocht over de Col de Llavent (vanaf Casteil rond 2 uur, vanaf Vernet ca. 3 uur).
St-Michel-de-Cuxa 2: Codalet, www.abbaye-cuxa.com, ma.-za. 9.30-11.50, dag. apr.-sept. 14-18, okt.-mrt. 14-17 uur, € 6, tot 12 jaar gratis
Prieuré de Serrabone 3: Boule-d'Amont, tel. 04 68 84 09 30, dag. 10-18 uur, € 4, tot 12 jaar gratis

ETEN EN DRINKEN

Voordat je de laatste bocht omhoog naar de priorijkerk neemt, kun je een stop maken bij de **Relais de Serrabonne** 1 (D 618/D 84, apr.-okt. dag. 10.30-18.30 uur, schotel € 6-11). De producten zijn afkomstig van boerderijen in de omgeving.

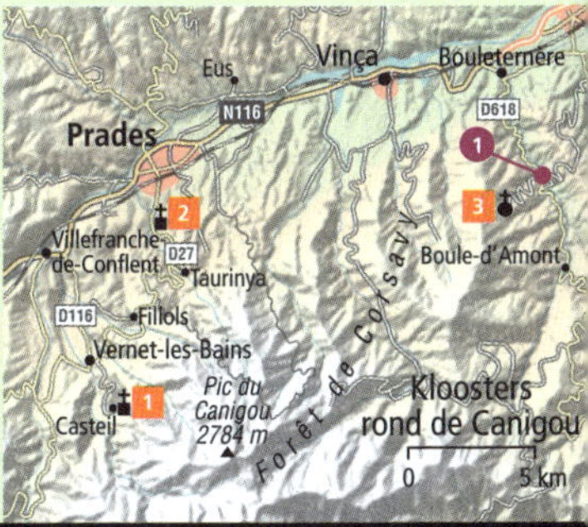

Uitneembare kaart: D 19, E 18, F 18

Van Mont-Louis rijdt de Train jaune door het bergdal van de Cerdagne naar het grensplaatsje Latour-de-Carol. 's Zomers kun je de treinreis ook in de open panoramawagon maken.

in zuivere romaanse stijl. Je kunt een bezoek eraan combineren met een kijkje bij de St-Martin-du-Canigou. De bochtige D 27 biedt veel uitzichten en loopt via Taurinya naar **Casteil**, waar de route omhoog naar de abdij begint. Ten westen van Prades komen de steile rotswanden steeds dichter bij de Têt. Deze strategisch belangrijke plek werd bewaakt door de vestingstad **Villefranche-de-Conflent** (▸ blz. 98). Bij de pas loopt een zijweg naar **Vernet-les-Bains**, waar de geneeskrachtige bronnen heilzaam zijn bij reuma en bronchitis, en verder naar het dorpje **Casteil**.

Gezellig
Las Astrillas

In de oude, huiselijk ingerichte Catalaanse boerderij aan de voet van de Canigou heeft Bernard Loupien vier *chambres d'hôtes* voor vakantiegangers. Bernard is een gepassioneerde kenner van de streek. In een van de bijgebouwen rond de mooie tuin heeft hij allerlei historische landbouwwerktuigen verzameld.

12, Carrer d'Avall, Taurinya, D 27 ten zuiden van Prades, tel. 06 15 83 00 66, www.lasastrillas.com, 2 pk € 55, suite € 75, inclusief ontbijt

Geraffineerd
Les Loges du Jardin d'Aymeric

De creaties van Gilles Bascou trekken fijnproevers uit de hele regio naar het dorpje aan de voet van de Canigou. De ingrediënten zijn afkomstig van de lokale verbouw en worden met zorg geselecteerd. In het fraaie pand vind je ook drie leuke *chambres d'hôtes* om te overnachten. Een tuin met zwembad maakt een verblijf nog aangenamer.

7, rue du Canigou, Clara, D 35 ten zuiden van Prades, tel. 04 68 96 08 72, www.logesaymeric.com, 2 pk € 76-86 incl. ontbijt, restaurant sept.-juni zo.avond, ma. gesloten, menu doordeweekse middagen € 20, verder € 38/62

Wandelen en relaxen
Bains de St-Thomas

Na een wandeling door de **Gorges de la Carança** bij Thuès-entre-Vals of in het **Réserve de Nyer** is er niets fijners dan ontspannen in het buitenzwembad van de thermen met bronwater van 34-38 °C. Maar je hoeft je natuurlijk niet eerst in te spannen, je kunt je er ook de hele dag laten verwennen.

Fontpédrouse, www.bains-saint-thomas.fr, dag. 10-19.40/20.40 uur, € 7, 4-11 jaar € 5,50

Info en evenementen

OT: 10, pl. de la République, 66500 Prades, tel. 04 68 05 41 02, www.prades-tourisme.fr

Festival Pablo Casals: eind juli–half aug., www.prades-festival-casals.com. Sinds 1950 is Prades jaarlijks in de zomer bestemming voor liefhebbers van klassieke muziek. De beroemde Spaanse cellist Pablo Casals heeft het festival opgezet nadat hij hier een toevlucht vond in de tijd van de Francodictatuur.

Cerdagne B/C 19/20

Ten westen van de vestingstad Mont-Louis ligt de Cerdagne. De weidse, door imposante bergen omringde hoogvlakte heeft meer dan 3000 zonuren per jaar en is zowel in de zomer als in de winter een aantrekkelijke locatie voor sportieve vakantiegangers. Het mekka voor wintersport in de Pyrénées-Orientales is Font-Romeu, zoals te zien is aan de skiliften en appartementencomplexen rond het plaatsje. Eyne, Llo en Err daarentegen hebben met breuksteenhuizen en romaanse kerkjes hun oude karakter behouden.

Zonnekracht

Bij **Font-Romeu** (B 19) vangt de enorme, 40 m hoge paraboolspiegel van de **Grand Four Solaire d'Odeillo** het zonlicht op. In het brandpunt van de zonneoven loopt de temperatuur tot 3500 °C op. Een informatieve tentoonstelling leert hoe de energie voor onderzoeksdoeleinden wordt gebruikt.

Odeillo, www.foursolaire-fontromeu.fr

Sportief

Auberge les Ecureuils

Dit gezellige hotel met goed restaurant in het kleine bergdorpje **Valcebollère** (B 20) in het uiterste zuidwesten van de Cerdagne biedt aantrekkelijke arrangementen voor wandelaars, ruiters en wintersporters. Maar je bent er ook welkom voor een kort verblijf. Vijftien ruime kamers, een open haard, biljart, sauna en binnenzwembad garanderen een aangenaam verblijf.

Valcebollère, tel. 04 68 04 52 03, www.chambresdhotepyrenees.com, 2 pk 90; restaurant ma., di.middag gesloten, menu € 25/35; allerlei aanbiedingen, halfpension aanbevolen

HEILIGE BERG VAN DE CATALANEN

Boven de vlakte van Roussillon verheft zich majestueus de **Canigou** (E 19). Hoewel er inmiddels twee weggetjes tot vlak onder de top (2784 m) leiden, hangt er nog altijd een mystiek aura rond de berg. De taxibedrijven aan de voet van de Canigou (bijv. www.canigouen-4x4.com, tel. 04 68 05 99 89, € 30, tot 11 jaar € 20) brengen toeristen in een '4x4' naar de Refuge des Cortalets. Vandaar is het nog zo'n twee uur wandelen naar de top. Vanuit Prades of Casteil kun je de berg ook in circa acht uur te voet beklimmen. Omdat het zicht vroeg in de ochtend gewoonlijk het helderst is, is het aan te raden om een overnachting te nemen in de Refuge des Cortalets (tel. 04 68 96 36 19, www.refugedescortalets.ffcam.fr) of de Refuge de Mariailles (tel. 04 68 05 57 99, www.refugedemariailles.fr).

Sinds 1895 in de familie

Hôtel Planes

Het oude poststation in **Saillagouse** (B 19) op een hoogte van 1300 m is omringd door verhalen en vol karakter. Kies voor een van de negentien kamers in het hoofdgebouw, bij voorkeur een met balkon en uitzicht op de bergen! In de verzorgde eetzaal, gedecoreerd met allerlei jachttrofeeën, worden prima regionale gerechten geserveerd. Het wangspek is fantastisch! Met tuin en zwembad in de dependance.

6, pl. de Cerdagne, Saillagouse, tel. 04 68 04 72 08, www.chezplanes.com, 2 pk vanaf € 70, restaurant laagseizoen zo.avond, ma., di. gesloten menu € 25-45, brasserie vanaf € 15

#14

Bolwerken in Conflent – **Villefranche en Mont-Louis**

In opdracht van Lodewijk XIV omringde Vauban heel Frankrijk met een gordel van vestingen. In Conflent liet hij gelijktijdig twee vestingen bouwen aan de destijds nieuwe grens met Spanje: Fort Liberia in Villefranche en Mont-Louis. Ze worden verbonden door de Train jaune – een treinrit die een absolute aanrader is!

Meer dan 500 jaar beschermde de vestingstad **Villefranche-de-Conflent** 1 de grens van Aragón tegen een Franse invasie. Na de Vrede van de Pyreneeën in 1659 werd de stad onderdeel van de 'ijzeren gordel' waarmee Sébastien Le Prestre de Vauban de buitengrens van Frankrijk veiligstelde. Hoewel men de stadsmuren van Villefranche verhoogde en met zes hoekbastions versterkte, was de middeleeuwse vesting niet meer opgewassen tegen de wapentechniek van de 17e eeuw. Daarom liet Vauban in 1681 op de steile berghelling boven de stad het nieuwe Fort Liberia bouwen.

Dubbele bescherming

Twee monumentale poorten, de **Porte de France** aan de oostzijde en de **Porte d'Espagne** aan de westzijde, bieden toegang tot de middeleeuwse vestingstad, die een constante stroom toeristen trekt. In de goed onderhouden middeleeuwse huizen langs de twee hoofdstraten **Rue St-Jean** en **Rue St-Jacques** zijn talloze winkeltjes gevestigd met kunstnijverheidsartikelen en souvenirs.

Een goede indruk van de militaire architectuur van de 11e tot de 17e eeuw krijg je bij de **remparts.** Over de twee boven elkaar gelegen weergangen van de muren loop je in een uurtje rond de stad. Vanaf de Porte de France wandel je in zo'n twintig minuten omhoog naar het **Fort Liberia.** Op de terugweg kun je nog een kijkje nemen bij de **Mille Marches**, een door Napoleon III in de 19e eeuw aangelegde onderaardse trap. Het zijn echter niet 1000 *(mille)*, maar 'slechts' 734 treden.

T TREIN

Een bezoek aan de vestingsteden kun je mooi combineren met een rit in de bijzondere **Train jaune** 1, die in 2010 zijn honderdste verjaardag vierde. In een uur en een kwartier ratelt de smalspoortrein met een maximale snelheid van 55 km/h van Villefranche door Conflent naar Mont-Louis en overwint daarbij een hoogteverschil van 1100 meter. Het spectaculaire tracé loopt over het 237 m lange **Viaduc de Séjourné** en de **Pont Gisclard**, die op een hoogte van 80 m de Têt overspant.

Hoogste vesting van Frankrijk

Vaubans hoofdbolwerk aan de nieuwe Franse zuidgrens was niet Fort Liberia, maar het 30 km verderop gelegen **Mont-Louis** 2. Op een rotsplateau op 1600 m hoogte, op het strategisch belangrijke snijpunt van de dalen van de rivieren Conflent, Cerdagne en Capcir, vond Vauban de ideale locatie voor een verdedigingswerk, dat ter ere van de Zonnekoning de naam Mont-Louis kreeg. Vanaf 1679 bouwde hij in twee jaar tijd een versterkte stad in schaakbordpatroon en een **citadel** voor vierduizend soldaten. Vanhieruit had men Rivalin Puigcerdà aan de Spaanse zijde in het vizier.

Mont-Louis is nog altijd een garnizoensstad, want de citadel is sinds 1964 een militaire academie. Gewone burgers kunnen tijdens een rondleiding een blik achter de coulissen werpen. Op de vestingwerken is de paraboolspiegel te zien van de in 1949 geïnstalleerde **Four Solaire.** Het principe van deze zonnecollector en het gebruik ervan worden hier uitgelegd.

Fort Liberia is over drie niveaus gebouwd die door trappen en weergangen met elkaar verbonden zijn.

INFO EN OPENINGSTIJDEN

Bezichtiging en treinrit: 1 dag
Internet: www.sites-vauban.org
Villefranche 1**: Remparts**, 2, rue St-Jean, www.tourisme-canigou.com, dag. juli, aug. 10-20, juni, sept. 10-19, apr., mei, okt. 11-17, feb., mrt., nov., dec. 12.30-17 uur, € 4,50, tot 10 jaar gratis
Fort Liberi, www.fort-liberia.com, dag. juli, aug. 9-20, mei, juni 10-19, sept.-apr. 10-18 uur, € 7, incl. taxi € 10, 5-11 jaar € 4 resp. € 5,10
Mont-Louis 2: www.mont-louis.net; rondleidingen door de citadel juli, aug. dag. 10.30, 11.30, 14, 15, 16, apr.-juni, sept. ma.-za., okt.-mrt. ma.-vr. 11.30, 14 uur, € 5,50, 7-18 jaar € 2/2,50; Four solaire mei ma.-vr., juni-okt. dag.
Train jaune 1: tel. 0800 88 60 91, tijden: www.ter.sncf.com/occitanie (klik op: Loisirs/Patrimoine), retour Villefranche–Mont-Louis ca. € 22

ETEN EN DRINKEN

Voor je op de Train jaune stapt kun je een salade of galette eten in **Crêperie La Forge d'Auguste** 1 (54bis, rue St Jean). Neem voor onderweg wel een fles water en een snack mee, want de smalspoortrein heeft geen restauratiewagon. Er zijn overigens ook geen toiletten aan boord!

Uitneembare kaart: D 18, C 19

Info
OT: 1, pl. du Roser, 66800 Saillagouse, tel. 04 68 04 15 47, www.pyrenees-cerdagne.com

IN DE OMGEVING

Zomer en winter

Ten noorden van Mont-Louis ligt het prachtige landschap van **Capcir** (B/C 18) met talrijke bergmeren, alpenweiden en uitgestrekte naaldbossen. Het skitoerisme doet hier goede zaken bij **Les Angels** en **Puyvallador**. Wandelaars kunnen vooral rond het **Lac des Bouillouses** hun hart ophalen. Erg mooi is de drie uur durende **Tour des Etangs**, die van de stuwdam naar de meren en meertjes aan de voet van de Pic Carlit op een hoogte van zo'n 2000 m leidt. Hier bloeien begin zomer de gentianen, ranonkels en hondstanden en met wat geluk zie je moeflons en hoor je het gefluit van marmotten. Het **Parc Animalier des Angles** (www.faune-pyreneenne.fr, dag. 9-17/18 uur, € 14, 4-12 jaar € 12) biedt twee wandelpaden waarlangs je de wilde dieren van de Pyreneeën in hun natuurlijke habitat kunt zien.

Info: www.capcir-pyrenees.com

Céret F/G 19

Het levendige stadje (7500 inwoners) staat bekend om zijn mooie kersen, de vroegste van heel Frankrijk, en om zijn temperamentvolle feesten met Catalaanse volksdansen en stierengevechten. Aan de rand van Céret overspant een stenen brug uit de 14e eeuw met een enkele boog van 45 m de rivier de Tech.

Mekka van het kubisme

In het begin van de 20e eeuw ontdekten Pablo Picasso, Henri Matisse, Juan Gris, Max Jacob, Marc Chagall, Joan Miró en andere kunstenaars Céret, en woonden en werkten er een tijdje. Schenkingen van Picasso en Matisse en van een lokale verzamelaar leidden in 1950 tot de stichting van het **Musée d'Art Moderne.** De voortreffelijke verzameling bevat werken uit diverse moderne stromingen, van kubisme via nouveau réalisme tot supports/surfaces en hedendaagse ontwikkelingen.

8, bd. du Maréchal Joffre, www.musee-ceret.com, eind juni-sept. dag. 10-19, okt-eind juni di.-zo. 10-17.30 uur, € 8, tot 12 jaar gratis

Voor de Trobada Marinera komen traditioneel latijngetuigde boten uit alle havens van Occitanië. In 2017 vond het feest hier in Argelès-sur-Mer plaats.

Burgerpot
Hostalet de Vivès
Chef-kok Jacques Borrell weet precies waar de Catalanen van houden: in de oven garen slakken, konijn en lamsvlees, op het fornuis pruttelen *boles de picolat* en in het seizoen serveert hij *ollada*, een stevige stoofpot met veel varkensvlees. Deze rustieke landherberg biedt ook een *chambre d'hôte* en twee kleine *studios* met keukenhoek – alle drie eenvoudig, maar met uitzicht op het groen.
Vivès, 9 km noordooselijk van Céret, tel. 04 68 83 05 52, www.hostalet-de-vives.com, di., wo., zo.avond gesloten, *formule* vanaf € 18,50, menu € 21,50-29, 2 pk vanaf € 58, studio vanaf € 77

Info en evenementen
OT: 5, rue St-Ferréol, 66400 Céret, tel. 04 68 87 00 53, www.vallespir-tourisme.fr
La Fête de la Cérise et Céret de Bandas: eind mei. feest van de kersen en de muziekkapellen.
Céret de Toros: half juli, www.ceret-de-toros.com. Corrida's en straatfeest.
Le Festival de Sardane: eind juli. Volksdansfestival met honderden deelnemers.

In de omgeving

Bosrijk grensdal
Parallel aan de Tech slingert de D 115 zich door de **Vallespir** omhoog naar de Frans-Spaanse grens. Kort na Céret volgt **Amélie-les-Bains** (🕮 F 19), een wat slaperig ogend kuuroord met talrijke hotels. In het voormalige industriestadje **Arles-sur-Tech** (🕮 F 19) staat de bezienswaardige benedictijnenabdij van **Ste-Marie** met een prachtige gotische kloostergang. Iets na Arles begint de circa 2 km lange en op sommige plekken slechts 1 m brede **Gorges de la Fou**. De kloof is toegankelijk gemaakt voor het publiek. Met een helm op loop je over een metalen plankier met onder je de woest stromende rivier door de spectaculaire kloof (www.gorgesdelafou.com, juli, aug. 9.30-18.30, eind mrt.-juni, sept.10-17.30, okt.–half nov. 10-16 uur, € 10, 5-12 jaar € 5).

De D 3 klimt vervolgens uit het dal naar **St-Laurent-de-Cerdans** (🕮 F 20), waar van het tiental fabrieken dat hier ooit was nog slechts een de Catalaanse touwschoenen maakt. Sinds 1873 vervaardigt de **Toiles du Soleil** de katoenen stof voor *espadrilles*, maar ook kleurig gestreept tafellinnen (fabrieksverkoop: av. Jean Jaures, www.toiles-du-soleil.com, ma.-do. 10-12, 14-17, vr. 10-12 uur).
Het laatste plaatsje voor de grensovergang op de **Col d'Arès** is **Prats-de-Mollo** (🕮 E 20), dat een fraaie kerk en het door Vauban ontworpen **Fort Lagarde** heeft te bieden. De geneeskrachtige bronnen van het 8 km verderop gelegen **La Preste** zouden onder andere helpen bij reumatische aandoeningen.

Voortreffelijke dorpshoreca
Le Bellevue
Patricia Visellach biedt in hotel en restaurant Bellavista een perfecte service, terwijl haar man Denis in de keuken heerlijke regionale gerechten bereidt. De zeventien kamers, waarvan enkele met balkon, zijn modern ingericht. Het groene terras aan de achterkant nodigt uit tot een zonnebad.
Pl. du Foirail, tel. 04 68 39 72 48, www.hotel-le-bellevue.fr, half feb.-nov., 2 pk € 56-88, restaurant wo. gesloten, ma.-vr. tweegangenmenu € 20, driegangenmenu € 25, andere menu's € 32 en € 46

Info en evenementen
Procession de la Sanch: Goede Vrijdag 's avonds in Arles-sur-Tech
Fête de l'Ours: feb., jacht op de 'beer' in Arles-sur-Tech, St-Laurent-de-Cerdans en Prats-de-Mollo

Argelès-sur-Mer

🕮 H 19

Dit levendige Catalaanse stadje (10.000 inwoners) aan de voet van het Massif des Albères leeft van de wijnbouw en natuurlijk van het toerisme. Jaarlijks komen zo'n 200.000 bezoekers naar

Argelès-Plage, dat niettemin een gemoedelijke sfeer heeft behouden. Hier gaat de zanderige kust van Languedoc-Roussillon over in de rotsachtige Côte Vermeille. Met zo'n zestig campings is Argelès de kampeerkampioen van de Franse Middellandse Zeekust.

Blauw als de zee

Le Fanal

Sympathiek klein hotel bij het Plage du Racou, het mooiste van Argelè, direct onder de rotskust. Veertien vriendelijke, in blauw en wit ingerichte kamers. Uiteraard zijn de kamers met balkon en uitzicht op het strand het eerste weg. Op de begane grond zit het eigen restaurant.

50, av. Torre d'en Sorre, tel. 04 68 81 00 16, www.fanal-racou.com, apr.-sept., 2 pk € 70-95

In de oude dorpskern

Le Coup de Fourchette du Cayrou

In het oude dorpshuis wacht de gasten een attente service. De eetzaal is modern en aangenaam terughoudend ingericht. De vaak wiselende kaart biedt altijd een handjevol regionale specialiteiten – met steeds een scheutje creativiteit.

18, rue du 14 Juillet, tel. 04 68 81 34 08, www.le-cayrou.net, apr.-sept. ma.-za., okt.-mrt. di.-za., menu € 26-43

> S
> SARDANE
>
> Met acht korte, langzame passen, afgewisseld met zestien lange, snelle passen – symbolisch voor nacht en dag – bewegen de dansers van de *sardane* zich hand in hand in een kring. Het tempo wordt aangegeven door de *cobla*, een orkestje met twaalf instrumenten. In de zomer komen de mensen vaak spontaan samen op de dorps- en stadspleinen van Roussillon om deze reidans uit te voeren. Het is heel eenvoudig, dus schaam je niet en doe mee! Het Francoregime verbood de volksdans, net als alle andere symbolen van regionale identiteit. Daardoor dansten de Catalanen alleen nog maar beslotener in een kring.

Stranden

Aan de voet van de Pyreneeën ligt 7 km aan zandstranden: **Plages du Nord**, **Plage des Pins**, **Plage du Sud** en aan het begin van de rotskust **Le Racou.** Je vindt er een veelzijdig aanbod aan watersporten.

Info

OT: Pl. de l'Europe, 66700 Argelès, tel. 04 68 81 15 85, www.argeles-sur-mer.com. Wandelaars kunnen hier een gidsje krijgen met tien wandelingen door het Forêt de la Massane.

IN DE OMGEVING

Romaans pareltje

Al van verre trekt **Elne** (H 18) met de massieve klokkentoren van de **Ste-Eulalie** de aandacht. De kerk herinnert eraan dat Elne vanaf de 6e eeuw gedurende ruim duizend jaar een bisschopszetel was. De kloostergang is een grote bezienswardigheid voor elke liefhebber van de romaanse bouwkunst. De kapitelen zijn fraai versierd met planten- en dierenmotieven en met bijbelse taferelen, die de stijlontwikkeling in de beeldhouwkunst tussen de 12e en 14e eeuw documenteren.

Pl. de l'Eglise, www.ville-elne.fr, mei-sept. dag. 10-12.30, 14-18.30, okt.-apr. di.-zo. 10-12.30, 14-17 uur, € 4,50, tot 12 jaar gratis

Collioure H 19

Diep in het zuiden ligt het veruit mooiste kustplaatsje (3000 inwoners) van Languedoc-Roussillon. Het schilderachtige decor met een fort, een weerkerk, de smalle straatjes van de oude binnenstad en de in bonte kleuren geschilderde Catalaanse vissersbootjes die

Aan het noordeinde van de Baai van Collioure staat de kerk van Notre-Dame-des-Anges (1648-1691) met de voeten in het water. De ronde klokkentoren met de markante roze koepel stamt nog uit de middeleeuwen en diende oorspronkelijk als vuurtoren van de oude haven.

afsteken tegen het glinsterende blauw van de zee, trekt grote groepen toeristen. Indien mogelijk, kom dan in de stille tijd van het jaar. Dan beleef je tenminste iets van de fascinatie die beroemde schilders als Matisse en Derain aan het begin van de 20e eeuw voor dit dorp voelden. Werk van deze 'Wilden' is te zien bij Chemin du Fauvisme aan de voet van het Château Royal.

Goed bewaakt

In de Baai van Collioure lieten de koningen van Mallorca hun zomerresidentie (1276-1344) bouwen. Na de Vrede van de Pyreneeën (1659), waarmee Collioure aan de Franse kroon viel, bouwde de koninklijke vestingbouwmeester Vauban het voormalige **Château Royal** (juli, aug. 10-19, juni, sept. 10-18, okt.-mei 9-17 uur, € 4, tot 12 jaar gratis) om tot een bastion. Nu worden er culturele evenementen georganiseerd.
In een halfuur wandel je over een voetpad van Collioure naar **Fort St-Elme**, dat op een hoge rots staat (met de auto via Port-Vendres, www.fortsaintelme.fr, dag. apr.-sept. 10.30-19, feb., mrt., okt-half nov. 10.30-17 uur, € 7, 6-18 jaar € 3). Het panorama rondom is gigantisch. Vanwege de strategisch belangrijke ligging stond de vesting, waarvan de oorsprong tot de 9e eeuw teruggaat, vaak in het middelpunt van grenstwisten. In de Tweede Wereldoorlog zaten er Duitse troepen. Nu is er een wapenverzameling en een tentoonstelling over vestingarchitectuur te zien.

Aan de steile kust

L'Arapède

Dit hotel ligt schitterend op zo'n 2 km van het centrum van Collioures aan de kustweg naar Port-Vendres. Het beschikt over een zonneterras met zwembad en zeezicht. Twintig nette kamers met prachtig uitzicht op het *grande bleue* of op de rotskust. Wie 's avonds geen zin heeft in de wandeling naar het stadje om daar te eten, kan gebruikmaken van het eigen restaurant.

Rte. de Port-Vendres, tel. 04 68 98 09 59, www.arapede.com, apr-half okt., 2 pk € 75-120, gratis parkeren

#15

Symfonie van licht en kleur – **Côte Vermeille**

Diep in het zuiden ligt een van de mooiste kusten van Frankrijk. Kleine baaitjes liggen dicht tegen de steile wanden van de grillige rotsen, die een roestrode scheidslijn tussen het azuur van de hemel en het blauw van de zee vormen. Wijngaarden, kurkeiken en dennenbomen zetten hun accenten in het groen, terwijl de kustplaatsjes oplichten in pasteltinten.

Aan de westrand van Collioure voert de **Route des Crêtes** (D 86) omhoog in de richting van de Tour de Madeloc. Op de steile hellingen van leisteen zijn met muurtjes van natuursteen terrassen aangelegd waarop de appellationwijnen van Collioure en Banyuls rijpen. Tussen de gecultiveerde percelen woekert struikgewas en staan kurkeiken en dennen in kleine bosjes bijeen.

Nee, het gaat hier niet om een druivenkuur voor vermoeide voeten. Bij het wijnoogstfeest mogen kinderen net als vroeger druiven pletten. Voor meer inzicht in de wijnbouw langs de rotskust kun je naar de **Cellier des Templiers** *aan de bovenrand van Banyuls. Een film van een kwartier doet de geheimen van de van nature zoete banyuls uit de doeken. De rondleiding is gratis, maar na de proeverij koopt bijna iedereen wel een flesje voor thuis.*

Zo ver het oog reikt

Na zo'n 3 km rijden komt links een afslag naar de **Ermitage Notre-Dame-de-Consolation** 1, waar je ook vanuit Collioure naartoe kunt wandelen. De **Route des Crêtes** slingert zich verder omhoog door een steeds ongenaakbaarder landschap naar de **Col de Mollo** (231 m). Iets verderop kom je langs een oriëntatiepaneel en de ruïne van een kazerne uit de 19e eeuw. Hier laat je de auto staan en ga je verder over een voetpad in circa anderhalf uur naar de **Tour Madeloc** 1 en terug. Hij is onderdeel van een reeks wachttorens *(tours de guet)* die koning Jacobus II van Mallorca liet bouwen om zijn koninkrijk te beveiligen.

Een explosieve idylle

Langs wijnterrassen daalt de weg naar **Banyuls**, waaraan de beroemde zoete wijn zijn naam te danken heeft. De met palmbomen beplante zeeboulevard met sikkelvormig strand en jachthaven is in de zomer het domein van vakantiegangers.

Op de **Route de la Corniche** naar het noorden zie je al snel een bord voor de **Anse de Paulilles.** Lange tijd was deze idyllische baai een verboden

Op de Route des Crêtes heb je steeds weer schitterende uitzichten: beneden je de blauwe zee en de rode daken van Collioure.

zone, want tot 1984 werd er dynamiet geproduceerd. Nu is het voormalige fabrieksterrein met zijn drie stranden een populaire recreatiebestemming. Het **Maison du Site de Paulilles** 2 vertelt over de plaatselijke geschiedenis. Op een kleine werf worden oude Catalaanse vissersboten gerestaureerd.

Weer op weg ben je al snel bij **Port-Vendres**. Je kunt er en wandelingtje maken over de promenade en langs de jachthaven. Aan het einde van de tocht is er nog een laatste fraai uitzicht, maar er is geen parkeergelegenheid voor een selfie met Collioure als schitterend decor.

INFO EN OPENINGSTIJDEN

Tocht: 1 dag incl. wandeling/strand
Uitrusting: goede schoenen en zwemkleding
Cellier des Templiers 1: Rte. du Mas Reig, Banyuls, www.terresdestempliers.fr, apr.-okt. dag. 10-19.30, nov.-mrt. ma.-vr. 10-13, 14.30-18 uur
Maison du Site de Paulilles 2: www.ledepartement66.fr/60-le-site-de-paulilles.htm

KUSTWANDELING

Over de **Sentier du littoral** kun je langs de hele kust wandelen. Een van de mooiste stukken loopt van Port-Vendres via **Cap Béar** 3 met zijn mooie uitzichten naar de Anse de Paulilles (ca. 10,5 km, 4 uur). Bus 400 brengt vermoeide wandelaars terug naar het startpunt.

ETEN EN DRINKEN

In de Anse de Paulilles vind je picknickplekken en kun je van apr. tot sept. wat eten in de strandtent **Le Sole Mio** 1. Vis en zeebanket zijn nergens zo vers als in de **Poissonnéries de la Côte Catalane** 2 in de vissershaven van Port-Vendres (www.cotecatalane.com, zo. 10-14, juli, aug. ma.-za. 10-21, sept.-juni di-za.10-14, 17-19.30 uur).

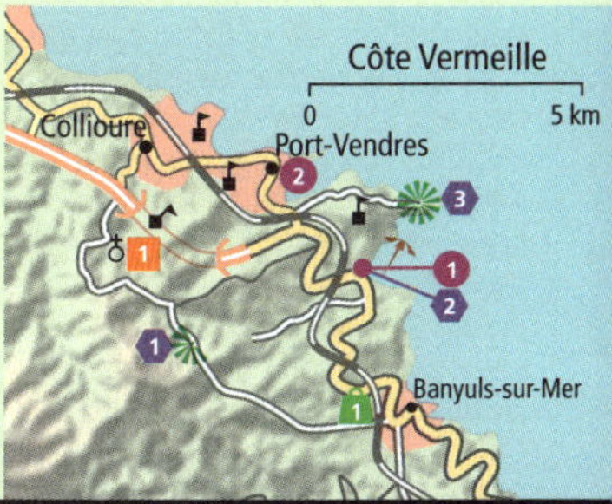

Uitneembare kaart: H/J 19

Als het aan de Côte Vermeille grauw en stromachtig wordt, is de Baai van Collioure het domein van surfers.

Een instituut

Les Templiers

Begin 20e eeuw gaf de familie Pous de schilders die naar Collioure kwamen onderdak, en René werd een hartstochtelijk kunstverzamelaar. Binnen hangen de muren vol met werken van Matisse, Picasso, Dufy … natuurlijk geen originelen! Op de gangen van het hotel gaat het verder. De kamers zijn wat versleten en deels nogal gehorig, maar het grote terras op de kade met uitzicht op het Château Royal is een heerlijke plek om te eten. 's Avonds is de bar een populaire ontmoetingsplek.

12, quai de l'Amirauté, tel. 04 68 98 31 10, www.hotel-templiers.com, 2 pk € 70-120, restaurant okt.-mrt. di., wo. gesloten, menu vanaf € 17

VISCONSERVEN

Een klein visje is van oudsher de trots van Collioure en gaf vroeger de helft van het plaatsje werk: ansjovis. De *anchois* werden traditioneel met kleine bootjes 's nachts in het schijnsel van lampen gevangen en daarna ingelegd. Nu zijn er nog twee bedrijven die de fijne visconserven maken: **Anchois Roque** (www.anchois-roque.com) en **Anchois Desclaux** (www.anchoisdesclaux.com), beide vlak bij het centrum aan de Route d'Argelès.

Wijn

In de oude stad zitten enkele proeflokalen van *domaines* waar je de natuurlijke de zoete banyul kunt proeven en kopen, net als de (voornamelijk rode) wijnen van de Appellation Collioure. De **Cellier Dominicain** biedt ook rondleidingen aan (pl. Orphila, www.cellierdominicain.com, apr.-sept. 9-12, 14-19, okt.-mrt. ma.-za. 9-12, 14-18 uur).

Stranden

Langs de promenade liggen diverse kleinze kiezel- en zandstranden, net als aan de baai buiten Collioure.

Info en evenementen

OT: Pl. du 18 Juin, 66190 Collioure, tel. 04 68 82 15 47, www.collioure.com. Onder andere kaarten en beschrijvingen

van wandelingen tussen Collioure en Cerbère.
Trein/bus: meerdere per dag naar Perpignan en het grensstation Cerbère.
Auto: betaald parkeren aan de Quai de l'Amirauté/Glacier (in de zomer vol); buiten de stad aan de Route du Pla de las Fourques bij Fort Miradoux (ca. 10 minuten lopen) en bij Cap Dourats (2 km, mei-sept. gratis pendelbusjes).
Procession de la Sanch: Goede Vrijdag vanaf 21 uur door de oude stad
Fête de la St-Vincent: 14-18. aug. Stadsfeest met dans en muziek, op 16. aug. 's avonds spectaculair vuurwerk

Banyuls J 19

Dit kuststadje (4600 inwoners) ligt beschut aan een baai tussen Cap Oullestreil en Cap l'Abeille. Vanuit het centrum aan de haven klimmen de huizen omhoog tegen de hellingen. Op de omliggende terrassen gedijen de druiven waarvan de beroemde zoete rode wijn van Banyuls wordt gemaakt.

Fraaie vrouwenlichamen

Beelden van vrouwen met weelderige rondingen, die je op diverse plekken in Roussillon kunt zien, zijn het handelsmerk van Aristide Maillol (1861-1944). Ieder jaar bracht de beeldhouwer en schilder enkele maanden door in zijn geboortestad Banyuls. In de **Métairie de Maillol**, zijn zomerhuis in de Vallée de la Roume aan de bovenrand van de stad, is een dertigtal van zijn werken te zien. In de tuin ligt de kunstenaar onder de sokkel van de 'Méditerranée' begraven.

Rte. des Mas, di.-zo. mei-sept. 10-12, 15-18, okt.-apr. 10-12, 14-17 uur, € 5

In het water en op het land

Het glasheldere, diepe en visrijke water direct voor de kust van Banyuls leidde in 1881 tot oprichting van het **Laboratoire Aragon**, een belangrijk onderzoekscentrum voor mariene biologie. Twee onderdelen ervan zijn het **Biodiversarium** met een **aquarium** aan de haven en de **Jardin méditerranéen** op de Mas de la Serre. Een bezoek aan beide locaties biedt je een kijkje in de onderwaterwereld van de Golfe du Lion en in de flora langs de oevers van de baai.

1, av. Pierre Fabre, www.biodiversarium.fr, kijk op internet voor de actuele openingstijden

Echt vakantie

Clos de Paulilles

Een sprookjesachtige plek midden tussen de wijngaarden en toch op nog geen 50 m van het strand. Het zingen van de cicades en het ruisen van de zee vormen de perfecte achtergrondmuziek bij het eten. Het moderne design van terras en eetzaal leidt niet af van de grandioze natuur rondom. Op de kaart staat een beperkte keuze aan voorafjes en hoofdgerechten: alles wordt vers bereid en de ingrediënten zijn lokaal geproduceerd. De wijnen komen van het eigen Domaine de Cazes.

Baie de Paulilles, Port-Vendres, tel. 04 68 81 49 79, www.lesclosdepaulilles.com, apr.-okt. dag. lunch en diner, menu € 39/59 incl. wijn

IN DE OMGEVING

Blauwe impressies

Over de **Route de la Corniche** is het niet meer dan 10 km tot aan het grensstadje **Cerbère** (J 19), maar daar doe je langer over dan je verwacht, want vanwege de ontelbare bochten ligt de gemiddelde snelheid laag. Passagiers hebben zo de tijd om van de omgeving te genieten. De chauffeur kan bij **Cap Réderis** in alle rust het panorama op zich laten inwerken: het uitzicht reikt er tot Cabo de Creu in Spanje.
Voor de kust werd in 1974 het 650 ha grote **Réserve Marine de Cerbère-Banyuls** ingesteld, een paradijs voor onderwatersporters. Wie meer te weten wil komen over het veelzijdige ecosysteem van de rotskust, gaat op de **Plage de Peyrefite** op een *sentier sous-marin*, uitgerust met duikbril, snorkel en zwemvliezen op verkenning (tel. 04 68 88 56 87, juli, aug. 12-18 uur; materiaalverhuur 12-17 uur, € 7).

Reisinformatie

AANKOMST

Met het vliegtuig

Rechtstreekse vluchten naar Languedoc-Roussillon worden verzorgd door diverse maatschappijen: zo vliegt KLM vanaf Amsterdam naar Montpellier, Transavia vanaf Rotterdam. Ryanair vliegt vanaf Brussel-Charleroi of Eindhoven naar Montpellier, Carcassonne of Perpignan. Andere luchthavens in de regio bereik je via een binnenlandse vlucht via Parijs. Als je geen zin hebt in een tussenstop in Parijs, kun je kiezen voor een luchthaven op niet al te grote afstand van Languedoc-Roussillon, zoals Lyon, Marseille, Nice, Toulouse of ook Barcelona.

Met trein of bus

TGV: vanuit Parijs (Gare de Lyon) vertrekken dagelijks meerdere treinen naar het zuiden (Nîmes 3 uur/Perpignan 5 uur). De verplichte reservering en toeslag kun je kort voor vertrek kopen bij de TGV-automaten in het station. Er rijden ook treinen vanuit Brussel via Lille naar de Languedoc.
Bus: wie veel tijd en geduld heeft kan een bus van Eurolines naar Montpellier nemen.

Met de auto

Tol: voor het gebruik van de Franse autosnelwegen moet je tol betalen *(péage)*. Je kunt ook reizen over de secundaire wegen, maar via de tolwegen gaat het wel het snelst. De rit naar het zuiden kost ongeveer € 60. Je kunt contant betalen bij de hokjes, maar ook met een creditcard bij de automaten (CB, Carte Bancaire). Je pincode hoef je niet in te voeren.
Route: het is mogelijk via Parijs te rijden, maar vanwege de vele files rond de Franse hoofdstad is dat niet aan te raden. Je kunt het best via Maastricht-Luxemburg of via Brussel-Luxemburg rijden. Ga vervolgens over de A 31 en de A 6 naar Lyon en neem dan de Autoroute du Soleil (A 7). Bij Orange neem je La Languedocienne (A 9) in de richting van Montpellier en Barcelona. De alternatieve route over de A 75 voert door een mooi landschap, maar is ook een omweg. Je rijdt dan vanaf Lyon via Clermont-Ferrand en komt over het gigantische Viaduc de Millau.
Filegevaar: de gratis stukken snelweg (Toul – Luxemburg, ring van Lyon) zijn erg druk. Mijd in juli/aug. de weekenden en de lange weekenden rond 1 en 8 mei, Hemelvaart en Allerheiligen.
Milieuzones: sinds 2016 moet je een milieusticker hebben als je door Lyon rijdt. Actuele info: www.crit-air.fr/de.

Douane

Identiteitsbewijs: EU-burgers – ook minderjarigen – moeten een paspoort of identiteitskaart bij zich hebben.
Douanebepalingen: EU-burgers mogen belastingvrij waren voor persoonlijk gebruik meenemen (tot 800 sigaretten, 90 l wijn, 10 l sterkedrank).

KLIMAAT

Volgens de statistieken schijnt de zon in Languedoc-Roussillon 300 dagen per jaar, maar in het bergachtige binnenland zijn dagen met regen geen zeldzaamheid. Erg warm wordt het in juli en augustus. Zelfs de gewoonlijk koele mistral en tramontane brengen nauwelijks verkoeling. De herfst is de tijd van stormen en plotselinge, heftige regenbuien – met overstromingsgevaar. Met een gemiddelde temperatuur van 13 °C is de winter aan de kust mild, maar het kan dan dagenlang regenen. Als je niet aan de schoolvakanties bent gebonden, kun je een vakantie aan zee beter niet in **juli en augustus** plannen: de stranden zijn overvol, de hotels en campings volgeboekt en bovendien extra duur. Hoewel in deze maanden ook in het binnenland de toeristische

attracties druk worden bezocht, is het in Haut-Languedoc, Corbières en de Pyreneeën buiten de gebaande toeristenpaden nog rustig.
De mooiste maanden zijn **mei**, **juni** en **september:** de temperatuur is gematigd. In mei wordt het zeewater warm genoeg om te zwemmen, en dat blijft zo tot in oktober, de toeristische infrastructuur is niet overbelast en de bezienswaardigheden zijn niet zo drukbezocht. In **maart/april** en **oktober/november** is het weer vaak ideaal om te wandelen of te fietsen.
Von **Allerheiligen tot Pasen** is het doodstil in de badplaatsen; veel toeristische locaties buiten de steden zijn dan beperkt geopend of volledig gesloten.

OPENBAAR VERVOER

Trein

Dagelijks verschillende regionale treinen op de tracés Nîmes – Perpignan, Narbonne – Carcassonne, Nîmes – Ales, Nîmes – Grau-du-Roi, Béziers – Bédarieux. Info: tel. 36 35 (€ 0,40/min.) www.sncf.com. Veel ritten binnen een departement kosten € 1 (www.train1euro.fr).

Bus

De grotere steden – uitgezonderd Montpellier– hebben een centraal busstation *(gare routière).* De verbinding op de hoofdroutes is op werkdagen goed, maar. op zondag beperkt. Ook plaatsen in het achterland zijn met de bus vaak goed bereikbaar. Een busrit binnen een departement kost ongeacht de gereisde afstand € 1 tot € 1,60.

Auto

Verkeersregels: de maximumsnelheid binnen de bebouwde kom is 50 km/u, op provinciale wegen 90 km/u, bij regen 80 km/u, op autowegen 110 resp. 100 km/u, op autosnelwegen 130 resp. 110 km/u. Op veel plaatsen staan flitspalen. De limiet voor alcohol is een promillage van 0,5. Veiligheidsgordels zijn verplicht voor alle zitplaatsen. Bellen tijdens het rijden is verboden. Verkeer op de rotonde heeft voorrang. Het bord *Toutes directions* wijst de richting voor doorgaand verkeer. De geldboetes voor verkeersovertredingen zijn fors en worden ook in het buitenland toegezonden.
Parkeren: in Nîmes en Montpellier kun je op de goedkope P+R-terreinen aan de stadsrand gaan staan; elders kun je het beste naar een van de goed aangegeven en meestal bewaakte parkeergarages gaan. In de *zone bleue* mag je alleen met parkeerschijf parkeren. Een gele band langs de rand van de straat geldt als absluut stopverbod.
Tanken: het netwerk van benzinestations is uitgebreid, maar na 19 uur en op zondag zijn vaak alleen zelfbedieningspompen geopend, waar je met pinpas of creditcard betaalt. Benzine *(essence),* Super Plus 98, biobrandstof *(biocarburant, SP95-E10)* en diesel *(gazole)* zijn iets goedkoper dan in Nederland en België. Het goedkoopst tank je bij de stations bij supermarkten.
Bij ongevallen: de groene verzekeringskaart en de internationale reis- en kredietbrief maken het bij een ongeval gemakkelijker om met de tegenpartij en diens verzekering tot overeenstemming te komen. Neem altijd een schadeformulier mee

OVERNACHTEN

In Languedoc-Roussillon zijn hotels, vakantiehuizen, pensions en campings naar ieders wens en voor elke portemonnee te vinden. In de maanden juli en augustus zijn veel onderkomens in de toeristencentra vaak ver van tevoren volgeboekt en worden er ook prijzen gevraagd die twee- tot driemaal zo hoog liggen als buiten het hoogseizoen. Tussen 1 november en Pasen wordt het stil in de vakantiesteden langs zee. Niet alleen de campings, maar ook veel hotels zijn hier in de wintermaanden gesloten, terwijl in de Pyreneeën dan juist topdrukte heerst. Voor een overzicht van de diverse overnachtingsmogelijkheden kunt je terecht bij de regionale toeristendienst (www.tourism-occitania.co.uk).

Hotels
Franse hotels worden afhankelijk van de voorzieningen en het geboden comfort ingedeeld in categorieën met één tot vijf sterren. Hierbij houdt men geen rekening met de charme van een hotel. Het ontbijt is vaak niet inbegrepen bij de kamerprijs. Alleenreizenden betalen vaak het volle tarief. In hotels met een goed restaurant is het vaak de moeite waard om voor halfpension te kiezen; in het hoogseizoen is dat in veel hotels overigens ook verplicht.
Een goede prijs-kwaliteitverhouding en aangename kamers vind je bij **Logis de France**, te herkennen aan het logo van een geel schoorsteentje op een groene ondergrond. Het zijn vaak familiehotels (www.logishotel.com/nl). De hoogste kwaliteit bieden de hotels die zijn aangesloten bij **Châteaux et Hôtels Collection** (www.chateauxhotels.com).
Als je op doorreis een niet al te dure kamer zoekt, kun je vlak bij veel afritten van de snelweg naar een hotel van Formule 1 (www.hotelf1.com) of Ibis Budget (www.ibis.com).
Als je een hotel zoekt kun je behalve op de grote boekingssites ook kijken op www.hotel-france.com. Betrouwbare hotel- en restaurantrecensies vind je bij Michelin (www.viamichelin.com) en Gault-Millau (www.fr.gaultmillau.com).

Chambre d'hôtes
Het verblijf in een *chambre d'hôte,* de Franse variant van de Britse B&B, wint steeds meer aan populariteit. Hier heb je bovendien de gelegenheid om het land en de mensen van dichtbij te leren kennen. Het aanbod strekt zich uit van eenvoudige kamers met een badkamer op de gang tot luxueuze suites op een wijngoed of in een kasteel. Deze laatste zijn vaak mooi gelegen in de vrije natuur, maar ook wel wat afgelegen, en de rit erheen over hobbelige landweggetjes kan oncomfortabel zijn. Het ontbijt is doorgaans bij de prijs inbegrepen. Enkele verhuurders stellen hun gasten een keuken om zelf te koken ter beschikking, andere nodigen hun gasten uit voor een gezamenlijk diner aan de *table d'hôte*. Tijdig reserveren is voor een dergelijk verblijf noodzakelijk. Voor nadere informatie kun je terecht bij Clevacances (www.clevacances.com), Gîtes de France (www.gites-de-france.fr) en de grote boekingssites.

VEILIGHEID EN NOODGEVALLEN

Diefstal uit auto's *(vol à la roulotte)* is een probleem. Zelfs voor een korte tussenstop moet je de auto op slot doen en geen waardevolle spullen in het zicht te laten liggen. Laat 's nachts of op afgelegen wandelparkeerplaatsen geen bagage in de auto achter. Geef liefst zicht op een lege kofferruimte. Een extra, goed zichtbaar stuurslot is aan te bevelen om dieven af te schrikken.
Let op markten en andere drukke plaatsen op je spullen, want daar kunnen zakkenrollers actief zijn.
Auto-inbraken en diefstallen moet je bij de gendarmerie melden, want je hebt de aangifte nodig om een claim bij de verzekering in te kunnen dienen.

Belangrijke noodnummers
Ambulance, politie, brandweer: tel. 112
Autopech: ANWB tel. 04 72 17 12 12
Blokkeren pinpas of creditcard: kijk op www.pasblokkeren.nl of www.cardstop.be
Diplomatieke vertegenwoordiging: Nederlandse ambassade, 7, Rue Eblé, 75007 Parijs, tel. 01 40 62 33 00, frankrijk.nlambassade.org; Belgische ambasade, 9, Rue de Tilsitt, 75840 Parijs, tel. 01 44 09 39 39, www.diplomatie.be/parisnl

Vakantiehuisjes en appartementen
Naast de campings zijn vakantiehuizen en appartementen de populairste vorm van accommodatie in de toeristencentra aan de kust. Twee in heel Frankrijk opererende organisaties – Gîtes de France en Clevacances (zie hierboven) – bieden hulp bij het zoeken van passend onderdak. Afhankelijk van de ligging, de grootte en de uitrusting hanteert men een indeling van één tot vier korenaren *(épi)* of één tot vijf sleutels *(clé)*.

Jeugdherbergen
Er zijn *auberges de jeunesse* in Nîmes, Montpellier, Sète, Carcassonne, Quillan en Perpignan. De jeugdherbergen zijn vrij eenvoudig toegerust, maar de overnachting is dan ook zeer goedkoop. Een internationaal jeugdherberglidmaatschap is noodzakelijk (www.fuaj.org).

Camping
Ondanks het grote aantal campings langs de 220 km lange kust boeken kampeerders bij hun vertrek maar al te vaak alvast hun favoriete plek voor het volgende jaar. Of je nu de voorkeur geeft aan een idyllische kampeerplek bij een boerderij of aan een gigantische camping met talloze voorzieningen, zoals zwembad, tennisbanen, disco en een activiteitenprogramma, er is voor iedereen wel iets geschikts te vinden. Op veel campings biedt men ook bungalows, hutten, caravans of permanent opgestelde tenten te huur aan (www.campingfrance.com).

SPORT EN ACTIVITEITEN

Strandactiviteiten
Langs de 180 km lange kust tussen de Camargue en Côte Vermeille ligt het ene **zandstrand** na het andere. Grote stukken strand zonder bebouwing vind je bij de Pointe de l'Espiguette, Maguelone, Sète, Valras, Gruissan en Canet. Aan de Côte Vermeille, aan de voet van de Pyreneeën, liggen baaitjes met zand-kiezelstranden.

De **waterkwaliteit** wordt in het strandseizoen regelmatig gecontroleerd. De resultaten zijn verkrijgbaar op de toeristenbureaus en bij de havenmeesters. Problemen zijn er de afgelopen jaren nauwelijks geweest. In de zomermaanden zijn flinke stukken strand **bewaakt.** Een groene vlag betekent 'zwemmen ongevaarlijk', geel 'zwemmen gevaarlijk', rood 'zwemmen verboden'. Alle badplaatsen bieden een breed aanbod aan sport- en recreatiemogelijkheden voor alle leeftijdcategorieën.

Pleziervaartuigen
Het Canal du Midi, het Canal du Rhône-à-Sète en het Canal de la Robine zijn toegankelijk voor pleziervaartuigen. Je kunt hier een comfortabel en rustig boottochtje maken en hoeft eigenlijk alleen echt goed op te letten bij het passeren van een van de talrijke sluizen. Meer informatie over bootvakanties vind je op de website van de regionale toeristenbureaus.

Kano, kajak, canyoning
Langs de Gardon, Hérault, Orb en Aude en bij de kanalen in de Camargue verhuurt men van het voorjaar tot in het najaar op veel plaatsen **kano's** en **kajakken**. Met de boot en de peddel krijg je ook een zwemvest, een routebeschrijving en een waterdichte container voor etenswaar en kleding. In de huur van de boot is het transport terug naar het beginpunt inbegrepen. Mei en juni zijn de beste maanden voor een mooie kanotocht. In de zomer en het vroege voorjaar is de waterstand vaak erg laag, maar bij hevige regenval kan de rivier heel snel in een woeste stroom veranderen. Als de waterstand zo hoog is dat er gevaar dreigt, wordt de verhuur tijdelijk stopgezet. **Rafting** is mogelijk op trajecten met wilder stromend water. De kloven in de Pyrénées Orientales zijn ideaal voor het uiterst opwindende **canyoning**, waarbij je elementen van klimmen, zwemmen en duiken combineert. Informatie en boeken: www.france-rivieres.fr/fr/occitanie en www.canoe-france.com.

P
PETIT DÉJ

Het culinaire begin van de dag is meestal bescheiden in Frankrijk. Slechts weinig hotels serveren een uitgebreid buffet voor het *petit déj(euner)*, meestal moet je het met stokbrood en jam doen, het gebruikelijke ontbijt bij de Fransen thuis. Vooral de begeleidende dranken zijn een teleurstelling: hoe kan een bak slappe koffie je oppeppen? Maak daarom 's ochtens een kort wandelingetje naar de bakker voor verse croissants en ga daarna naar een café voor *un café, un double* of *un grand crème.*

Klimmen
De uitlopers van de Cevennen zijn met hun grillige reliëf vol kloven een waar paradijs voor klimliefhebbers. Voor informatie over klimlocaties en organisatoren kun je terecht bij de toeristenbureaus en de Fédération Française de la Montagne et de l'Escalade (www.ffme.fr).

Fietsen
Op de wegen in Zuid-Frankrijk zijn altijd veel enthousiaste fietsers onderweg, zeker in de weekenden. Het geschiktst voor een eigen 'Tour de France' zijn vooral de rustigere secundaire wegen, de verharde landwegen en de voormalige jaagpaden langs de kanalen. Maar ook het netwerk van fietspaden, de zogeheten *voies vertes,* groeit gestaag (Info: www.af3v.org). Een goed hulpmiddel voor fietsers zijn de IGN-kaarten schaal 1:100.000. Op veel plaatsen zijn tourfiersen en vooral mountainbikes *(vélo tout terrain – VTT)* en ook steeds meer e-bikes te huur.

Paardrijden
De regio kun je verkennen op 1200 km aan gemarkeerde ruiterpaden, zoals de *transéquestre*. Zowel langs de kust als in het achterland organiseren de *centres equestres* tochten te paard van een paar uur tot enkele dagen. Op de maneges in de Camargue kun je zelfs de rijtechniek leren van de *gardians,* de veehoeders. Nadere inlichtingen over maneges, cursussen en evenementen vind je op www.terre-equestre.com.

Zeilen
De unieke weersomstandigheden met veel wind en zon maken Languedoc-Roussillon tot een eldorado voor zeilers. Voor de kust en op het Étang de Thau worden geregeld zeilwedstrijden georganiseerd. Aan de kust, maar ook bij de étangs en de meren in het achterland, zijn talloze verhuurders van zeilboten, zeilscholen en zeilclubs te vinden. Jonge kinderen kunnen leren zeilen in een kleine optimist. Tieners en volwassenen kunnen zich bekwamen op een jol of een catamaran, of kunnen leren varen met een jacht. Info: www.ffvoileoccitanie.net.

Speleologie
Enkele organisaties voor outdooractiviteiten bieden onder de noemer *spéléo* een afdaling aan in grotten die normaal niet open zijn. Lijsten van organisatoren zijn verkrijgbaar bij de toeristenbureaus. Een bron van deskundige informatie is de Fédération Française de Spéléologie (www.ffspeleo.fr).

Surfen, kitesurfen, suppen
Vooral de étangs zijn bijzonder geschikt voor beginnende surfers. Het Étang de Mateille bij Gruissan is uitsluitend bestemd voor **surfers**. Gevorderde surfers kunnen hun hart ophalen bij Narbonne-Plage aan de voet van de Montagne de La Clape, bij Port-Barcarès en bij Argelès. Maar let op: de zo nu en dan sterke aflandige wind kan ook voor geoefende surfers gevaarlijk zijn. Surfcursussen en materiaalverhuur worden in alle badplaatsen aangeboden. De kwaliteit van de scholen wordt gewaarborgd door het keurmerk van de Féderation Française de Surf (www.surfingfrance.com).

Kitesurfen wordt steeds populairder en kan in Languedoc-Roussillon op een tiental locaties worden beoefend. Voor cursussen en materiaalverhuur kun je kiezen uit ruim twintig *écoles de kite* tussen Port-Camargues en St-Cyprien (www.kitelr.com).
De surf- en kitesurfcentra verhuren ook materiaal voor **stand up paddling** (suppen).

Wandelen

Met ruim 6300 km aan gemarkeerde wandelpaden is Languedoc-Roussillon een waar paradijs voor wandelaars. Verspreid over de regio ligt een dicht netwerk van geel gemarkeerde wandelroutes voor **tochten van een halve tot een hele dag**, de *chemins de petites randonnées (PR).* Bij veel Offices de Tourisme verkoopt men routebeschrijvingen en streekkaarten waarop de routes staan aangegeven. De beschrijvingen, de zogeheten *randofiches*, zijn overigens alleen in het Frans beschikbaar. De Fédération Française de la Randonnée Pédestre geeft wandelgidsen uit met de mooiste routes van de regio en van de departementen in de serie 'TopoGuides: … à Pied'. Deze gidsjes zijn te koop in de plaatselijke boek- en tijdschriftenhandel of via internet (www.ffrandonnee.fr).
Door Languedoc-Roussillon lopen ook diverse **langeafstandspaden**, de *chemins de grandes randonnées (GR)*. Ze zijn genummerd en voorzien van een rood-witte markering. Drie van deze paden volgen middeleeuwse pelgrimsroutes: Via Podiensis (GR 65), Via Tolosana (GR 653) en Chemin de Régordane (GR 700). Info: www.gr-infos.com.
Ter oriëntatie zijn de **wandelkaarten** van het Institut Géographique National (www.ign.fr) vanaf schaal 1:25.000 aan te bevelen.

Wellness

Languedoc-Roussillon is in Frankrijk de op één na belangrijkste regio voor **geneeskrachtige bronnen** (www.medecinethermale.fr). Je kunt er bij ruim een tiental erkende baden, van de Pyreneeën en Lozère tot beneden aan de kust, terecht voor thermaalkuren en wellness. De kuurbaden zijn bijna allemaal te herkennen aan de naamstoevoeging 'les-Bains'.
Aan de kust bieden diverse hotels een verblijf aan met **Thalassotherapie** (www.thalassoline.com). Het wellnessprogramma omvat onder meer zeewaterdouches, zeemodderpakkingen, algenpakkingen, massages, zuurstoftherapie en watergymnastiek.

Wintersport

Acht wintesportcentra in de Pyreneeen bieden in totaal150 km pisten en 300 km loipen op een hoogte tussen de 1500 en 2600 m. Info: www.neigescatalanes.com.

TOERISTENINFORMATIE

www.fransverkeersbureau.nl: de homepagee van het Franse verkeersbureau geeft antwoorden op praktische reisvragen en heeft links naar alle regio's.
www.tourism-occitania.co.uk: de toeristendienst van de nieuwe regio Occiranie informeert over de nieuwe regio en biedt antwoord op vele toeristische vragenn..
www.audetourisme.com: het toerismeportaal van het departement Aude. Informatie over Narbonne, de kust, Carcassonne, Canal du Midi, Corbières en de katharerburchten.
www.gardtourism.com: het toerismeportaal van de Gard. Informatie over Nîmes, Uzès, Pont du Gard, Rhônedal, Camargue Gardoise en Cevennen.
www.destination-languedoc.nl: het toerismeportaal van Hérault. Informatie over Montpellier, Béziers, Sète, Etang de Thau en de kust, Héraultdal, Haut-Languedoc, Minervois.
www.tourisme-pyreneesorientales.com: het toerismeportaal van Pyrénées Orientales (kortweg: PO). Informatie over Perpignan, Collioure, Côte Vermeille een oostelijke Pyreneeën met Cerdagne, Conflent, Vallespir, Capcir.

Hoe zegt u?

Bonjour

Je begroet elkaar met een 'goedendag'. Aan het einde van de middag wordt het *bonsoir* (goedenavond).

machin

dinges
universeel woord voor als je niet op een lettergreep of woord kunt komen. Ook wel *truc*.

BON APPETIT!

Eet smakelijk!
Zo wenst men elkaar even voor 12 uur 's middags.

Volontiers

graag
dat hoor je graag.

TOUTES DIRECTIONS

Alle richtingen
Als de navigator het niet weet, helpt dit bord je de stad uit – niet altijd via de kortste route.

Merci

bedankt
Niet alleen een chocolaatje.

IMPEC

Kort voor *impeccable*, als alles gesmeerd loopt.

ÇA MARCHE

het loopt
Betekent: 'het gaat goed', 'het werkt'.

le midi

de middag
Bedoeld wordt het zuiden, want daar staat 's middags – en niet allen dan – de zon.

Zut!

Uitroep van ergernis als het niet gaat.

à plus

tot later (volledig: à plus tard)
'A plus' – met uitgesproken 'S' aan het einde – als afscheid.
Alors à plus dans le Midi!

Paklijst

> DATUM

....

> AANTAL DAGEN

....

> HET WEER

WARM KOUD NAT

> BASISUITRUSTING

- ANWB EXTRA
- PASPOORT/ID-KAART
- TICKETS & VISUM
- RIJBEWIJS
- BANKPASSEN
- MEDICIJNEN
- VERZEKERINGEN
- HOTELADRES
- ....
- ....
- ....
- ....
- ....

C CHECK

> TOILETARTIKELEN

- ....
- ....
- ....
- ....
- ....
- ....
- ....
- ....
- ....
- ....
- ....
- ....
- ....

> KLEDING

- ....
- ....
- ....
- ....
- ....
- ....
- ....
- ....
- ....
- ....
- ....
- ....
- ....
- ....

> DIVERSEN

- ....
- ....
- ....
- ....
- ....
- ....
- ....
- ....

> ELEKTRONICA

- ....
- ....
- ....
- ....
- ....

Mijn tripplanner

DAG 1

Blz ...... MUST SEE ....
Blz ....
Blz ....
Blz ....
Blz ....
Blz ....
Blz ...... ETEN EN DRINKEN ....
Blz ....

DAG 2

Blz ...... MUST SEE ....
Blz ....
Blz ....
Blz ....
Blz ....
Blz ....
Blz ...... ETEN EN DRINKEN ....
Blz ....

DAG 3

Blz ...... MUST SEE ....
Blz ....
Blz ....
Blz ....
Blz ....
Blz ....
Blz ...... ETEN EN DRINKEN ....
Blz ....

DAG 4

Blz ...... MUST SEE ....
Blz ....
Blz ....
Blz ....
Blz ....
Blz ....
Blz ...... ETEN EN DRINKEN ....
Blz ....

MUST SEE .... Blz ......
.... Blz ......
.... Blz ......
.... Blz ......
.... Blz ......
.... Blz ......
ETEN EN DRINKEN .... Blz ......
.... Blz ......

DAG 5

MUST SEE .... Blz ......
.... Blz ......
.... Blz ......
.... Blz ......
.... Blz ......
.... Blz ......
ETEN EN DRINKEN .... Blz ......
.... Blz ......

DAG 6

MUST SEE .... Blz ......
.... Blz ......
.... Blz ......
.... Blz ......
.... Blz ......
.... Blz ......
ETEN EN DRINKEN .... Blz ......
.... Blz ......

DAG 7

.... Blz ......
.... Blz ......
.... Blz ......
.... Blz ......
.... Blz ......
.... Blz ......
.... Blz ......
.... Blz ......

E EXTRA

Notities

T
TIPS

Favoriete plekken – **review**

> OVERNACHTEN

ACCOMMODATIE ►

ADRES/BLADZIJDE

PRIJS € €€ €€€

NOTITIE

> ETEN EN DRINKEN

RESTAURANT ►

ADRES/BLADZIJDE

PRIJS € €€ €€€ CIJFER

VOORGERECHT

HOOFDGERECHT

NAGERECHT

NOTITIE

RESTAURANT ►

ADRES/BLADZIJDE

PRIJS € €€ €€€ CIJFER

VOORGERECHT

HOOFDGERECHT

NAGERECHT

NOTITIE

RESTAURANT ►

ADRES/BLADZIJDE

PRIJS € €€ €€€ CIJFER

VOORGERECHT

HOOFDGERECHT

NAGERECHT

NOTITIE

> WINKELEN

WINKEL ► ....

ADRES/BLADZIJDE ....

NOTITIE ....

....

WINKEL ► ....

ADRES/BLADZIJDE ....

NOTITIE ....

....

> UITGAAN

GELEGENHEID ► ....

ADRES/BLADZIJDE ....

NOTITIE ....

....

GELEGENHEID ► ....

ADRES/BLADZIJDE ....

NOTITIE ....

....

> EXTRA

EXTRA ► ....

ADRES/BLADZIJDE ....

NOTITIE ....

....

EXTRA ► ....

ADRES/BLADZIJDE ....

NOTITIE ....

....

EXTRA ► ....

ADRES/BLADZIJDE ....

NOTITIE ....

....

....

Fotoverantwoording

Marianne Bongartz, Köln: blz. 4 (2x), binnenflap voor, 7, 8/9, 14/15, 18, 32/33, 35, 44, 47, 52, 54/55, 58, 59, 62, 65, 66 (2x), 68/69, 72, 80, 81, 83, 86/87, 95, 96, 103, 128/8, binnenflap achter
Getty Images, München: blz. 40 (Copson); 104 (Franken); 106 (Noyes); 100 (Roig); 79 (Steinmetz)
Glow Images, München: blz. 76, 105 (Deposit photos); 26 (SuperStock)
Huber-Images, Garmisch-Partenkirchen: blz. 11 (Carassale); 73 (Eiben); 30 (Gerth); 20 (Rellini); 84 (Vaccarella)
Laif, Köln: blz. 128/4 (Allpix/ Aventurier); 128/2 (Allpix/Catarina); 29 (Fritlet); 48 (Gamma-Rapho/de Hogues); 128/1 (Gamma-Rapho/Keystone France); 128/6 (Gamma-Rapho/Laforêt); 63 (hemis.fr/Degas); 85 (hemis.fr/Escudero); 94 (hemis.fr/ Frilet); 25, 49 (hemis.fr/Mattes); omslag, uitneembare kaart (hemis.fr/ Montico); 39 (hemis.fr/Spani); 128/7 (Keystone Schweiz); 128/3 (Leemage/Opale/ Assouline); 128/5 (REA/Lecarpentier); 92 (REA/Merimée); 128/9 (UPI)
Mauritius Images, Mittenwald: blz. 42 (Alamy/Digitalman); 90 (Alamy/Provence); 91 (Alamy/Richardson); 60 (imagebroker/Giovannini); 23 (Mattes)
Schapowalow, Hamburg: blz. 99 (Onlyfrance/Bodin)
Tekening blz. 3: Gerald Konopik, Fürstenfeldbruck
Tekening blz. 5: Antonia Selzer, Stuttgart

Hulp gevraagd!
De informatie in deze reisgids is aan verandering onderhevig. Het kan dus wel eens gebeuren dat je ter plaatse een andere situatie aantreft dan de auteur.
Is de tekst niet meer helemaal correct, laat ons dat dan even weten.

Ons adres is:
Uitgeverij ANWB
Redactie KBG
Postbus 93200
2509 BA Den Haag
anwbmedia@anwb.nl

Productie: Uitgeverij ANWB
Coördinatie: Els Andriesse
Tekst: Marianne Bongartz
Vertaling: Albert Witteveen en Joost Zwart
Eindredactie: Quinten Lange
Opmaak: Hubert Bredt
Opmaak notitiepagina's: Studio 026
Opmaak omslag: Atelier van Wageningen
Concept: DuMont Reiseverlag
Grafisch concept: Eggers+Diaper
Cartografie: DuMont Reisekartografie

Eerste druk
ISBN: 978-90-18-04340-7

Herinner je je deze nog?

9 van de 2,7 miljoen mensen in Languedoc

Georges Brassens

Hij brak al snel in Parijs door. Met zijn chansons over God, de liefde, het leven, de vriendschap en de dood werd hij wereldberoemd. Hij ligt begraven in zijn geboorteplaats Sète.

Juliette Gréco

De actrice en grande dame van het chanson gold als muze van de existentialisten. Haar geboortestad Montpellier verleende haar het ereburgerschap.

Michel Galabru

Hij groeide in de Hérault op en werd beroemd aan de zijde van Louis de Funès als gendarme van St-Tropez. Ook had hij een kleine rol in 'Sch'tis' als excentrieke oude man die Noord-Frankrijk vreest.

Olivia Ruiz

Op haar 21e werd de zangeres uit Aude tweede bij Star Academy, de Franse versie van Idols. In 2005 volgde de grote doorbraak met het album 'La Femme chocolat'.

Pierre Soulages

Al ruim veertig jaar werkt de schilder een deel van het jaar in zijn atelier op de Mont St-Clair in Sète tussen hemel en zee. En toch zijn zijn werken monochroom zwart. Ze zijn te zien in het museum in zijn geboortestad Rodez.

Bernadette Lafont

De in Nîme geboren filmactrice brak in jaren vijftig door en speelde in films van François Truffaut en Claude Chabrol. In 2003 kreeg ze een ere-César voor haar gehele oeuvre.

Charles Trenet

Als acteur, dichter, componist en zanger maakte de Narbonnais carrière in de hoofdstad. Zijn mooiste lied is misschien wel 'La mer'.

La Mamma

Ze is het werk van Richard Di Rossa, bijgenaamd Buddy, en waakt over de Place de l'Hospitalet in het Quartier Haut in Sète.

Pierre Richard

'De grote blonde met de zwarte schoen' vond in de jaren tachtig een nieuwe 'rol' als wijnboer op het Château Bel Evêque bij Gruissan.